阅读成就思想……

Read to Achieve

FINANCIAL INTELLIGENCE FOR SUPPLY CHAIN MANAGERS

Understand the Link between Operations
and Corporate Financial Performance

供应链金融运营
实战指南

［美］史蒂文·利昂（Steven M. Leon）◎ 著

李波 吴亚男 李雅雯 ◎ 译　　　王天扬 ◎ 审译

中国人民大学出版社
· 北京 ·

图书在版编目（CIP）数据

供应链金融运营实战指南 / (美) 史蒂文·利昂(Steven M. Leon) 著 ; 李波, 吴亚男, 李雅雯译 . -- 北京 : 中国人民大学出版社 , 2017.12

书名原文：Financial Intelligence for Supply Chain Managers : Understand the Link between Operations and Corporate Financial Performance

ISBN 978-7-300-24839-4

Ⅰ . ①供… Ⅱ . ①史… ②李… ③吴… ④李… Ⅲ . ①供应链管理—金融业务—研究 Ⅳ . ① F252.2

中国版本图书馆 CIP 数据核字 (2017) 第 199707 号

供应链金融运营实战指南

［美］史蒂文·利昂　著

李　波　吴亚男　李雅雯　译

Gongyinglian Jinrong Yunying Shizhan Zhinan

出版发行	中国人民大学出版社				
社　　址	北京中关村大街 31 号		**邮政编码**	100080	
电　　话	010-62511242（总编室）		010-62511770（质管部）		
	010-82501766（邮购部）		010-62514148（门市部）		
	010-62515195（发行公司）		010-62515275（盗版举报）		
网　　址	http://www.crup.com.cn				
	http://www.ttrnet.com（人大教研网）				
经　　销	新华书店				
印　　刷	北京中印联印务有限公司				
规　　格	170mm×230mm　16 开本		**版　次**	2017 年 12 月第 1 版	
印　　张	14.75　插页 1		**印　次**	2018 年 4 月第 2 次印刷	
字　　数	186 000		**定　价**	59.00 元	

推荐序
供应链金融将成为金融创新的亮点

王天扬
易路软件创始人、CEO

供应链的发展经历了三个阶段。第一个阶段是企业内部供应链，即企业内部跨部门之间协作，这主要得益于 ERP 系统，该系统从技术上保障了企业不同部门之间信息流、资金流的协同运行。第二个阶段是上下游企业之间的供应链，它关注的是上下游企业之间的商流、物流和资金流，云计算为这种供应链提供了技术保障。第三个阶段是供应链金融阶段，即从价值角度重新思考供应链。供应链金融阶段与前两个阶段最大的不同在于，前两个阶段是在传统框架下，运用信息技术提高企业内部以及企业之间供应链的效率，同时考虑价值传递问题，而供应链金融则是一开始就从金融角度思考问题，对上下游企业进行重新整合，实现的是跨行业、跨不同区域、不同价值链之间的整合。前两个阶段是供应链金融的必要准备阶段，而供应链金融则是人们思想认识上升到更高阶段的产物，属于金融创新的一种。

从理论上讲，供应链金融是金融资本与产业资本高度融合的结果。正如我们所知，金融资本最早从产业资本形态中分离出来，并形成了单独的产业——金融业，金融业的发展对于工业社会经济的形成和发展起到了积极的推动作用。但我们也要看到其中存在的问题，那就是产业的空心化，特别是人们的贪婪助长了投机行为，历史上几次大的金融危机都源于此。经历了这么多痛苦之后，有识之士开始反思工业经济时代形成的理论方法和制度的合理性，其中不少来自互联网行业的人士基于信息技术进行了很多金融创新的实践，比如支付宝和微信等，从而建立起基于互联网的新金融生态，这对传统金融产生了极大的冲击。有了前面成功的经验，再加上学者理论上的探索，人们开始将眼光转向供应链金融。目前，人们已经形成共识的是：供应链金融将成为新金融最大的创新之一。

真正促使供应链金融发展的还是信息技术。如果没有技术支持，再好的想法也无法实现，人们的创新意识也无从觉醒。云计算技术（PaaS、SaaS）为供应链企业之间的融合提供了技术性保障。很多人是从技术角度认知云计算的，殊不知，云计算应该从经济学角度去认识，即信息资源（硬件、软件和人等）最有效的配置方式。所以，供应链金融是技术进步、思想认识不断提高以及金融理论突破之后的产物。对于供应链金融来说，关键的不是技术，而是金融的思维方式。从财务的角度理解供应链金融是我们必须迈出的第一步，《供应链金融运营实战指南》是非常应景之作。

2017 年 10 月 13 日，国务院办公厅印发《关于积极推进供应链创新与应用的指导意见》，该指导意见不仅明确了供应链创新与应用的指导思想，而且设定了发展目标，即到 2020 年形成一批适合我国国情的供应链发展新技术和新模式，基本形成覆盖我国重点产业的智慧供应链体系；到 2020 年，要培育 100 家左右的全球供应链领先企业，重点产业的供应链竞争力进入世界前列，中国要成为全球供应链创新与应用的重要中心。这是国务院首次就供应链创新发展出台指导性文件，此举将对提升我国供应链发展水平发挥重要作用。而《供应链金融运营实战指南》一书将有助于我们更好地理解供应链金融，推动我国供应链产业的发展。

著名供应链管理专家马丁·克里斯多弗（Martin Christopher）曾说："市场上只有供应链，没有企业。真正的竞争不是企业与企业之间的竞争，而是供应链和供应链之间的竞争。"我国供应链理论界及产业界人士正致力于推动供应链产业的发展，《供应链金融运营实战指南》一书是从实战角度理解供应链金融，相信此书的出版对于提高我国供应链金融的整体水平能够产生积极的推动作用。

引言 / 1

什么对 CEO 至关重要 / 3

供应链和运营的价值主张 / 4

供应链和运营的角色 / 5

价值链 / 7

供应链和运营的财务影响 / 7

从不同的角度看待价值 / 9

本书的结构 / 13

第 1 章　财务报表概述 / 15

什么是财务报表 / 15

财务报表的用途 / 18

详解财务报表的要素 / 19

财务报表之间的关联 / 31

第 2 章　财务报表入门精要 / 35

资产价值 / 37

非现金交易 / 40

固定资产净值 / 44

无形资产与摊销 / 45

库存成本和销货成本 / 45

经营性租赁和表外交易 / 50

应收账款净额 / 51

净收入 / 51

赊销净额 / 53

外汇 / 53

股东 / 55

第 **3** 章　**利用财务报表进行比率分析** / 57

对标 / 59

比率分析 / 60

财务比率 / 65

流动性比率 / 67

盈利比率 / 71

估值比率 / 76

资产管理比率 / 80

负债管理比率 / 84

第 **4** 章　**企业估值** / 87

价值 / 88

竞争优势 / 90

重组传统财务报表 / 91

资本成本 / 100

绩效树 / 100

第 5 章　决策工具 / 103

杜邦模型 / 104

杜邦模型的拓展 / 107

资本预算 / 110

风险和决策 / 117

盈亏平衡分析 / 120

第 6 章　项目管理 / 127

管理项目 / 128

项目的成功与失败 / 130

项目选择 / 131

项目实施 / 134

项目完成 / 139

项目和绩效管理树 / 142

第 7 章　供应链网络设计和选址分析 / 145

企业战略与竞争力 / 145

供应链网络设计 / 147

选址 / 149

成本性态 / 151

供应链网络建模 / 152

第 8 章　库存管理 / 165

库存采购模型 / 167

库存总成本 / 168

何时再订库存 / 171

库存削减 / 173

库存追踪 / 176

需求预测 / 177

财务绩效 / 181

第 9 章   采购与供应管理 / 185

采购与供应管理的重要性 / 186

采购结构 / 190

采购与供应管理的目标 / 191

供应商选址和总拥有成本 / 205

供应管理与财务的关系 / 208

第 10 章   供应与价值链度量 / 213

供应链与竞争 / 214

译者后记 / 224

引言

Financial Intelligence for Supply Chain Managers

对上市公司高管而言，财报电话会议是一件再寻常不过的事了。每个季度，当我们在听取公司 CEO、董事会主席、首席财务官以及其他人背诵事先准备好的发言稿时，我们可能会对他们所使用的一些术语并不熟悉。当然，我们都希望高管们能够把财务方面的信息讲得透彻一些，但是其他人呢？我们不是也应当做到谈论自如吗？我们不是也应当了解我们每天所作的决策和行为是如何影响我们组织的财务绩效吗？

从事财务工作以及负责日常事务（包括财务、会计工作）的人都能够自如地使用财务术语进行沟通。举个例子。在迪克体育用品公司（Dick's Sporting Goods）2013 年第三季度财报电话会议上，我们能听到在大多数财报会议上都会出现的那些常用语。

- 我们预计非美国通用会计准则（non-GAAP）每股摊薄收益为 2.62 美元～2.65 美元。
- 2013 年第三季度的总销售额增长了 6.7%，达到了 14 亿美元。
- 毛利为 4.249 亿美元，或销售额的 30.34%。
- 2013 年第三季度的销售及一般管理费用为 3.337 亿美元，或销售额的 23.83%。
- 净资本支出为 7700 万美元。
- 预计毛利率将下滑。
- 预计营业利润率将略有下降。

这些术语可能会使一位非财务人员感到无所适从甚至有些混乱，但其实并非如此。诸如收益、每股收益、净收益、净利润、营业利润、毛利、毛利率、营业利润率、营业收入和销售额等术语十分常见，并且经常可以互换使用。营业收入、销售额和年度总收入（top line）就是典型的例子。这些术语有着相同的含义。另一个常见的例子是净收益、净收入和净利润，它们也有着相同的含义。了解这些术语将有助于供应链和运营组织进行有效的管理。

对于参与供应链和运营管理的我们来说，每天完成的工作和作出的决策都将影响企业的财务绩效。问题是，我们是如何影响财务绩效的呢？我们为什么要关注这些？我们有责任知晓我们是如何影响财务绩效的，以便能作出最佳决策。我们所做的很多工作关系到制作商业案例以及说服高管更换或添加设备、机械、材料和其他资源。在很大程度上，这些能否实现取决于财务回报。为了方便交流，我们应当做到自如地使用财务术语与首席财务官、债权人、所有者以及其他财务专家交谈。流利运用财务术语的能力可以使我们的工作更高效。如果想要帮助我们的高管在财报会议上展示成功，如果想要帮助企业实现盈利、获得成功和持续发展，或者想要为企业创造价值，我们就应当知道怎样才能为企业作贡献。如果我们有可能在企业中承担更多的责任或者担任高管，我们就需要对企业的财务和会计工作了如指掌。

财务状况在很多方面影响着企业的发展能力，例如：

1. 借钱增加流动资金；
2. 吸引投资者，为业务发展筹集资金；
3. 寻找客户，支付股息和为供应商付款；
4. 采购库存；
5. 创新；
6. 制订退休计划；
7. 为员工提供发展机会。

我们不单单讨论降低成本，也在讨论实施为企业增值的项目，比如那些能够促进收入增加、为未来注入正向现金流以及提供令人满意的资本回报率（Return on Invested Capital，ROIC）的项目。

什么对 CEO 至关重要

我们在供应链和运营方面要做些什么，才有助于创建一家有盈利、有竞争力和有价值的企业呢？在探讨这个问题之前，我们需要弄清楚企业的总体目标是什么，以及对 CEO 而言，什么才是至关重要的。首先，企业的核心目标是增加股东价值。股东整体回报率常常用来衡量管理和企业绩效。对于一位 CEO 而言，要想拿出满足甚至超越股东期望的收益，并且比竞争对手实现高于平均水平的回报率，这种压力还是存在的。一旦做不到，受财经分析师给出的不利评价的影响，企业的股价就有可能下跌。

CEO 要向多方汇报，比如董事会、华尔街分析师、股东和投资者、债权人和银行以及利益相关者。每位听众都有自己界定成功的标准。此外，还有很多其他标准和财务绩效指标需要在报告中体现，并用于衡量企业绩效。除了股东整体回报率以外，其他可以用于评价一家企业及其高管团队的常用指标还包括：

1. 未计利息、税项、折旧及摊销前的盈利；
2. 每股收益；
3. 息税前利润；
4. 自由现金流；
5. 毛利率，已动用资本回报率；
6. 投资回报率；
7. 资本回报率；
8. 净资产回报率；
9. 销售增长。

为什么会是这些指标呢？理由十分简单，因为这些指标对分析师、企业股东、投资者或者债权人十分重要。如果说这些指标对外部机构重要，那么它们对企业高管同样重要。以上所列举的指标绝不是一个完整清单，我们还需要参考其他一些绩效指标，但以上所列最为常见。没有一个单一的指标可以全面描述企业的财务状况，然而，我们可以通过关键绩效指标深入了解一家企业的财务状况是否健康良好。

了解了 CEO 感兴趣的绩效指标，我们可以问问自己，我们如何能够帮助 CEO 从积极的方面报告企业的绩效。换句话说，我们能够做些什么，使之前罗列的业绩指标既能够优于我们的竞争对手，又能够达到或者超过董事会成员、股东、分析师、投资者和银行家的预期？有效的供应链和运营管理为提升企业价值和扩大竞争优势提供了充分的机会。

供应链和运营的价值主张

虽然近期供应链已经获得了多家主流商业媒体的更多关注，但是很多企业高管和即将成为管理者的人仍未充分了解供应链管理对企业财务健康和经营绩效的重要性，他们仍将重心放在销售增长，而非企业供应链和运营的管理上。销售和市场活动获得了管理层的关注，而供应链和运营则退居幕后，仅作为节约成本和成本控制活动。为什么会出现这种情况呢？显然，报告销售额有 15% 的增长会更令人振奋，可是人们却不会为通过供应链和运营优化实现了等量的成本节约而感到高兴。尽管如此，人们仍越来越意识到供应链管理的重要性。

很多管理咨询公司（包括很多顶级公司）都认识到了供应链管理的重要性。一些公司已经开展了供应链与运营咨询业务就是证明，比如埃森哲公司、科尔尼公司（A.T. Kearney）、贝恩公司（Bain & Company）、博斯公司（Booz & Company）、德勤、高德纳（Gartner）、毕马威、麦肯锡和普华永道。

除了在供应链领域提供咨询服务，高德纳公司发布了一个名为"全球供应链25 强"（The Supply Chain Top 25）的榜单。该榜单提供了全球范围内制造商、零售商和分销商最佳供应链的排名。每年，这些公司都会发布一些关于供应链管理非常有见地的研究报告，内容涵盖供应商管理、采购战略、风险管理、可持续发展和大数据应用等各方面。这些研究在帮助人们理解供应链和运营的角色方面发挥着重要作用。

供应链和运营的角色

在很大程度上，供应链关注的是以合适的价格把正确数量的产品或者服务在正确的时间运往正确的地点并交付给客户。在这个过程中，供应链所有参与企业必须牢记以下四个要点来创造价值：

1. 不断提升的质量；
2. 不断提升的服务；
3. 更低的价格；
4. 更高的产量（更少的时间）。

考虑到供应链的长度、不确定性和复杂性，这是一项艰巨的任务。另外，客户偏好的频繁变化导致产品生命周期变得更短，风险以及营运资本挑战随之而来。在一条供应链中，总会出现大大小小的问题，但对于企业而言，这也是赢得竞争优势的时机。掌控好供应链，你就可以把竞争对手甩到身后！

如图 I-1 所示，作为一项管理工具，供应链运作参考模型（Supply-Chain Operations Reference model，SCOR）试图将其框架引入供应链管理者权限下的诸多领域。SCOR 模型旨在描述与满足客户需求阶段相关的各类业务活动。它是一个流程参考模型，包括了从你的供应商的供应商到你的客户的客户的所有流程。SCOR 模型的每个部分（计划、采购、制造、交付和退货）都为企业带来了增值的机会。它的目标在于以一种能够辨识和改善供应链流程的方式来构建供应链。流程改善旨在通过在可靠性、响应度、敏捷度、成本以及资产管理等诸多方面获得竞争优势来为企业创造价值。

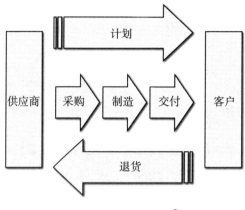

图 I-1　SCOR 模型 [①]

除了 SCOR 模型可以帮我们找出整个供应链中能够创造价值的地方，哈佛商学院著名战略学家迈克尔·波特提出的波特价值链（如图 I-2 所示）则描述了价值是在组织中的何处被创造出来的。供应链和运营担负着为组织创造大部分价值的职责。有趣的是，大部分支持性价值活动和所有的基本价值活动都是由供应链和运营职能构成的。

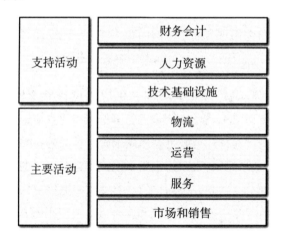

图 I-2　价值链 [②]

① 源自国际供应链理事会（Supply Chain Council）。
② 改编自《竞争优势》（*Competitive Advantage: Creating and Sustaining Superior Performance*）一书中的波特价值链。

价值链

当顾客购买商品或者服务的价格高于创造价值的成本时，价值即被创造。创造价值的基本活动包括物理制造、交付以及产品或者服务的销售，而支持性活动则为基本活动的执行提供了基础架构。从供应链的角度看，我们通过在每一项基本活动和支持性活动中保持成本优势，并且通过协调和调整每种活动来创造价值。

波特认为，每家企业都在一个更大的体系中扮演着一定的角色，这个体系就是价值体系。[①] 我们知道这个价值体系就是供应链，其中有供应商价值（上游）、企业价值以及渠道和买方价值（下游）。总之，企业是通过整合和协调价值体系中所有成员的关系来创造竞争优势的。由于企业需要为其股东、客户以及其他相关方创造价值，所以企业高管和经理将供应链和运营纳入其关注范畴是明智之举。

供应链和运营的财务影响

随着供应链和运营的重要性的提升，CEO 们开始较为普遍地使用供应链术语，比如协作、创新、透明、问责制、降低风险、可持续性以及运营灵活性等。

为什么这些概念对 CEO 们如此重要？因为这是消费者、股东和政府官员所需要的。然而，真正的挑战在于如何落实这些想法，将之付诸行动。在很多企业中，由于供应链和运营部门仍然被视为一个个独立存在的职能部门，所以落实这些想法是非常困难的。而那些能够将供应链从职能部门转化成价值创造者的企业则受益匪浅。2013 年，普华永道发布的一份调查显示，越是在行业内领先的公司，越是将供应链作为它们的战略性资产。[②]

得益于新闻媒体和商业出版物对供应链这一话题的讨论，CEO 们对供应链及其对组织的影响的了解与日俱增。与供应链相关的新闻报道或者视频片段往往都有着共同的主题。不断被提起的主题有自然灾害及其导致的供应中断、供应链应

---

① *On Competition*, Michael E. Porter, Harvard Business School Press; Boston （1996）.
② http://www.pwc.com/us/en/industrial-products/issues/supply-chain.html.

当更灵活地满足客户不断变化的需求以及企业需要应用技术手段来更有效地管理信息流等观点。但是，很少有人提到供应链活动是如何拉动销售、影响收入目标、影响股东价值或者影响财务比率的。虽然这些话题正在被人们关注，但往往缺少具体论述。

目前，供应链领域的新话题一般都围绕着为企业采购商品和服务，而这种采购直接影响着财务绩效。商品的成本正在增加，或者一直在不断变化，比如燃油价格的上下波动令人头疼。另外，很多企业会由于天气原因无法提供产品和服务。一个典型的例子就是 2012 年至 2014 年，飓风桑迪和冬季的暴风雪使美国东北部的交通运输系统瘫痪，造成严重的货物和服务延期交付，进而导致生产原料和顾客供货吃紧。当然，这并不仅发生在美国。海啸、飓风和洪水在全球范围内都在发生，影响着各地的企业。2011 年，泰国的洪水以及日本的地震和海啸造成了计算机和汽车行业原材料、零部件供应短缺以及成品供应的中断。

影响财务绩效的另一个重要方面是冲突矿产，这是一个经常被人们讨论的话题。这些矿产来自世界上那些有武装冲突和人权侵犯行为发生的地区。近年来，这个话题尤其受到关注。《多德 – 弗兰克法案》（*Dodd-Frank Act*）第 1502 条款要求那些在产品中使用冲突矿产的企业必须报备其矿产来源。预计 6000 家企业将受到本法案的直接影响，而且供应链上的很多私营企业也将受到影响。美国证券交易委员会（Securities & Exchange Commission，SEC）预计，对所有卷入其中的企业来说，它们的合规成本都将十分巨大。对于主要企业及其供应商来说，初步估算合规成本将在 30 亿至 40 亿美元，此后每年的费用将在 2.07 亿至 6.09 亿美元。

可能会影响企业财务绩效的第三个方面是外包，包括低成本国家的供应商雇用的员工的权利、安全和健康问题。2012 年，孟加拉国一家工厂的倒塌和另一场火灾导致数千人死亡。这些悲剧事件激起了人们对于通过外包形式寻找最低成本供应商的讨论。关于员工待遇差或者被置于危险环境的报道所引起的抵制活动是灾难性的。遭遇这些可怕的事件，对家庭来说可能是失去至亲，对企业来说则可能是销量下滑、品牌价值丧失和股价下跌。对那些使用不考虑人权问题的供应商的企业而言，这还只是要面对的少数几个后果。

我想用这些例子说明以下几点。第一，供应链，尤其是采购，在管理和控制成本时面临着巨大挑战；第二，了解如何管理和控制成本必不可少，而了解这些成本如何影响业务同样十分重要。我们需要从中学到什么呢？在解释这些重要问题是如何影响组织以及影响到何种程度时，供应链专业人士变得更得心应手。这些问题可能影响股东整体回报率、每股收益、自由现金流、资本回报率、净利润以及企业财务的其他方方面面。请记住，帮助 CEO 在财报电话会议上彰显成功是我们的责任。

供应链和运营职能对企业十分重要。如果你向任何一个参与供应链或者运营环节的人提问，他们会告诉你，他们每天做的事都令人难以置信地重要。的确如此，身处其中的人明白自己角色的重要性，而且通常能够从经营绩效的角度说出其角色为什么如此重要。他们能告诉你产品的残次率、订单完成率、订单准确率、库存周转率以及诸多经营绩效指标。毕竟，他们的绩效就是用这些指标衡量的。但是，他们的解释中通常不包括其行为是如何直接影响企业财务绩效的。除了描述他们在企业中对降低成本所起到的重要作用，他们很少从财务层面给出解释。随着本书内容的展开，我们能够改变这种状况。

大多数供应链专业人士在他们的职责范围内表现良好。与此同时，他们当中的很多人却很难看到企业更高的目标以及他们的行动是如何影响其他职能部门的。也就是说，供应链专家看不到他们的决策或者行动是如何与企业的财务目标以及总目标联系在一起，并影响这些目标的。这样说并非贬低供应链专业人士，他们的绩效由贴满车间墙壁的各种绩效指标来衡量。这些指标是他们熟知并赖以生存的。由于供应链管理是企业长期繁荣和可持续发展的关键，任何立志成为承担更多责任的管理者的供应链专业人士，都必须对财务达到一个新的认知水平。我们将从供应链和运营的角度来实现。拥有这方面的知识会帮助你了解为何你每天所做会如此重要，以及它是如何影响企业的财务绩效的。

从不同的角度看待价值

如果你与财务部门或者华尔街人士交流，你会听到对"价值意味着什么"的不同观点。金融人士对价值的定义当然会包括钱。在本书中，我们要了解价值的不同含义，并说明供应链管理和运营如何影响企业的财务绩效。在第1章中，我们将更为深入地讨论企业的货币价值，但就目前而言，综合考虑，企业价值包括投资回报率、增长率和资本成本。[1]供应链专业人士如果了解供应链是如何影响这些因素的将大有裨益。最后，你不仅会了解你的决策是如何影响运营指标的，而且还会理解你的决策是如何影响财务指标的。

运营和财务之间的联系非常重要。一家企业当前的经营绩效并不能表明它在赚钱或者还可以持续经营下去。如果只看企业的财务绩效，我们如何才能知道它未来是否可以继续盈利？我们需要衡量财务和运营绩效，并将两者联系起来以确定我们是否能够为企业产生价值。投资回报率、收入增长和资本成本驱动着企业价值。当投资回报率超过资本成本（加权平均资本成本）时，经济价值得以被创造。

经济价值＝投资回报率 ×（投资回报率 − 加权平均资本成本）

2008年，普华永道曾对600家经历过供应链断裂的企业做过一项研究，研究它们的供应链和运营与企业绩效的关联性。研究发现，比起它们的同行，这些企业的股东价值都经历了大幅下跌。而且，它们的股价经历了更大的波动，销售利润率和资产回报率（return on assets，ROA）也出现了急剧下降。在很多情况下，这些影响会持续长达两年。[2]

平均而言，受影响企业的股价在发布供应链断裂公告的前一天和当天较对照组会下降9%（如图I-3所示）。在受影响的企业中，有2/3的企业股价在一年后滞后于同行。两年内（即公告前一年至公告后一年），那些受供应链断裂影响的企业的平均股票收益相对于对照组低约19个百分点。

[1]　Koller, Chapter 20, *Performance Management*, page 417.
[2]　Vulnerable to valuable: how integrity can transform a supply chain: achieving operational excellence series, PricewaterhouseCoopers, December 2008.

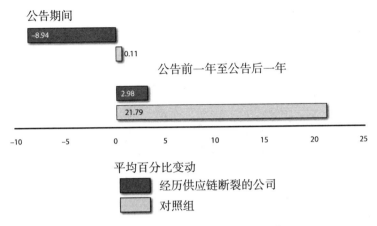

图 I-3　供应链断裂对股价的影响 [1]

投资界不看好这类企业，认为供应链断裂的不利影响可能会扩散至员工、消费者和供应商。相对于对照组的股票，超过半数的受影响企业的股价至少在两年内经历了较大的波动，这是股东信心减弱的一种信号。在回归正常的市场走势后，这些企业在供应链断裂后一年的股价波动比对照组高 8 个百分点；而两年后，股价波动比对照组要高至少 10 个百分点（如图 I-4 所示）。

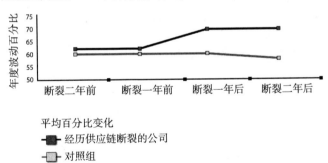

图 I-4　供应链断裂对股价波动的影响 [2]

正如标准会计准则报告的一样，供应链断裂对盈利有显著责任。受影响企业

① PricewaterhouseCoopers, Vulnerable to valuable: how integrity can transform a supply chain; Achieving operational excellence series, 2008.
② PricewaterhouseCoopers, From vulnerable to valuable: how integrity can transform a supply chain; Achieving operational excellence series, 2008.

超过 60% 的资产和销售利润率较低。回归正常后，受影响企业的平均资产回报率下降了 5 个百分点（如图 I-5 所示）。

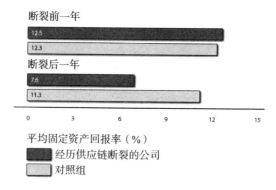

图 I-5　供应链断裂对平均资产回报率的影响 [1]

销售利润率有 4 个百分点的平均跌幅（如图 I-6 所示）。受影响企业的这两项指标出现显著下跌的同时，对照组的销售利润率则在这两年中保持稳定。

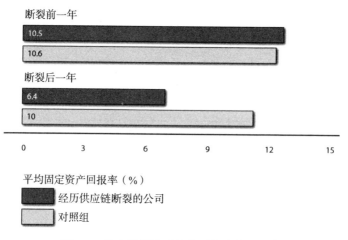

图 I-6　供应链断裂对销售利润率的影响 [2]

---

[1]　PricewaterhouseCoopers, From vulnerable to valuable: how integrity can transform a supply chain; Achieving operational excellence series, 2008.

[2]　PricewaterhouseCoopers, From vulnerable to valuable: how integrity can transform a supply chain; Achieving operational excellence series, 2008.

本书的结构

通过阅读本书，你会思考以下问题：第一，你每天作出的决策是如何影响企业的财务绩效的；第二，你为什么会作出某些决策；第三，要提升你的财务认知。读完本书，你将能够自如地聊聊财务和运营问题。这些问题包括：

- 为什么高管会快速步入降低成本阵营？为什么他们不多关注一下增加收入？
- 哪些财务绩效指标会受到供应链中断的影响？
- 一次糟糕的项目实施是如何影响净收益的？
- 糟糕的质量会影响毛利率、净收益、资本回报率或者资产回报率吗？
- 现金是否等同于利润？
- 是销货成本降低 10% 还是收益提高 10% 对净收益影响大？为什么？

为了帮助你回答这些问题，我们确定了一些主题，引导你从仅仅关注运营绩效指标走向更深入地思考财务和价值的意义。然后，你就可以用更强的信心和更稳固的知识基础参与财务交流了。

本书首先介绍了那些对企业高管来说尤为重要的财务绩效指标，并说明了重要的原因。然后，本书探讨了价值的概念。本书其余内容将按照以下方式展开。

我们将会探讨财务报表，包括资产负债表、损益表和现金流量表。了解这些财务报表有助于我们找出每张表中的相关信息。反过来，当我们提到财务比率、我们的决策如何影响这些比率以及如何计算这些比率时，这些财务报表也能够对供应链管理者有一定的帮助作用。只有了解财务报表，我们才能够深入理解企业的估值以及企业的价值。在了解估值后，最后几章将探讨需要供应链和运营专业人士作出决策的领域，即项目、网络规划、采购、管理资产和成本、运输、物流、库存和预测。最后，我们将研究这些领域会如何促进价值创造（或者价值毁灭）。

本书将介绍和讨论运营绩效指标以及它们与财务比率和财务报表之间的联系，这将帮助你准确了解运营决策是如何影响财务报表，从而影响企业的经济目标和总体目标的。另外，你将了解运营决策会如何影响企业借贷和吸引资金的能力、自身的再投资能力及其股价与企业价值评估。

第 1 章　财务报表概述

Financial Intelligence for Supply Chain Managers

什么是财务报表

如果没有正式的沟通渠道，那么企业要如何报告其财务状况呢？与当前和潜在的投资者、债权人和管理层沟通企业的财务状况十分重要，关键是要按照一套行业标准来报告。本书引言介绍了一些用来评估企业和管理绩效的比率和指标，它们都是通过财务报表来呈现的。没有财务报表，决策者将没有具体的参考依据，而只能猜测企业的表现。财务报表是用来报告和分析企业绩效的工具。

无论是上市公司或者私营企业，还是营利或者非营利组织、政府机构、个人独资企业以及合伙企业，它们都需要某种形式的财务报表。美国证券交易委员会规定，上市公司必须提交财务报表，尽管大多数公司是为了吸引投资者或者借贷而准备这些报表的。同样，企业收购也需要财务报表。

财务报表通过四张报表来反映企业整体的财务状况，这四张报表包括资产负债表、损益表、现金流量表和所有者权益声明。

每张报表都会提供企业财务状况的具体信息，帮助人们理解企业财务状况的复杂性。每年，美国的上市公司会通过年报（10-K）、季报（10-Q）和信息披露（8-K）与股东沟通。然而，除非人们非常了解财务报表，否则他们根本无法彻底了解企业的财务状况。

　　虽然每家企业的财务报表看上去都很相似，但是在很多时候，你会发现，它们的科目名称都各不相同。有很多子公司的大企业会把它们的财务报表作合并处理。在局外人看来，如何确定每家子公司和关联公司的业绩如何、它们是否能实现或者有助于实现股东价值会非常有挑战性。即便你身处企业内部，你可能仍然觉得很难了解财务报表反映的真实内容。之所以会出现这种情况，是因为对于某些财务活动，会计人员不得不作出一些假设，而且他们可以自行决定要如何来报告某些财务行为。这种自由即使是合法的，也会对收益报告带来影响。例如，会计人员可以自由申报折旧细则，但同时他们并不知道资产可持续使用多久。会计人员也有选择库存成本核算方法的自由。事实上，无论采用哪种折旧细则或者成本核算方法，折旧资产与通过供应链的实际库存流都是相同的。但是，这些选择会影响企业支付的税金和报告的净利润。

　　企业的年报中会包括财务报表，但这些报表的日期既可以与日历年一致，也可以不一致。例如，迪士尼公司的财年从十月开始，至次年九月结束。企业可以根据所属行业的特点自行决定财年，借此消除季节带来的负面影响，在收入高或者库存量低的时候发布财报。举个例子。美国零售企业塔吉特公司（Target Corporation）的财年会在离 1 月 31 日最近的那个星期六结束。我们推测，这是因为假期结束后，所有的收入和退货处理都已经完成，而且此时旺季结束，会计人员和员工就可以关账了。

　　美国财务会计准则委员会（Financial Accounting Standards Board，FASB）已经制定了标准和准则，以使财务申报符合被要求提供财务报表的企业的需求。这些标准和准则被称为一般公认会计准则（Generally Accepted Accounting Principles，GAAP）。美国的上市公司会依据一般公认会计准则进行申报，但是并非所有国家都要求企业遵循此准则。有些国家采用的是国际财务报告准则（International Financial Reporting Standards，IFRS）中的会计准则。尽管两套准则之间存在着差异，而且差异并非至关重要，但是它们确实是两套准则。当你对比来自不同国家的企业时，你就会觉察到这些差异确实存在。尽管一般公认会计准则的目标是促进一致性，但是企业和行业间的会计科目和分类仍普遍存在差异。这些差异会令人困惑，但是只需少量的实践和经验，你就会立刻跨越这些障碍。

为什么了解企业是按照一般公认会计准则进行财务报告，还是按照非通用会计准则进行财务报告很重要呢？原因就是企业可能会使用权责发生制或者收付实现制来进行核算，而这两种核算方式在某些方面是完全不同的。了解这些能够帮助供应链和运营参与者准确分析报告数据，从而作出更明智的决策。一般公认会计准则要求使用权责发生制核算，而在使用权责发生制核算时，收入的确认以实际发生时间为准，而不以现金收付时间为准，费用的确认也以实际发生时间为准，不以支付时间为准。而使用收付实现制核算则不然，收入记录是以收到现金为准，费用记录是以现金被支付为准。一些小企业可能会使用收付实现制，因为它们没有大额应收账款或者应付账款。但是，收付实现制不符合一般公认会计准则的标准。

美国所有的上市公司都会按照一般公认会计准则的标准报告财务状况。一般公认会计准则力图使企业财务信息的沟通和交流更为顺畅。另外，一般公认会计准则的标准也保证了汇报和沟通的一致性。当然，说起来容易做起来难。由于很多企业会依据一般公认准则的标准报告财务状况，因此我们需要格外留意某家企业所有的财务报表。上文提到的四张报表组合在一起才能准确反映企业的实际状况。权责发生制或者收付实现制在确认收入和费用上的差异使上述需要变得尤为突出。例如，尽管到一月份才会收集现金，但是损益表却能显示十二月份的收入。现金流量表则将明确企业收到现金的时间。如果仅参考损益表，你可能会误认为有足够的现金用以支付账单。尽管这四张财务报表看似已经足够了，但是有的企业还会发布其他一些财务报表。

企业在提供预计财务报表时应十分谨慎，因为预计财务报表可能会掩盖企业真实的财务状况。会计人员在提供预计报表时，往往不会把非经常性支出或者一次性特别支出计算在内，因此人们看到的财务数据会比遵循一般公认会计准则核算的数据更好。这种情况经常出现。例如，某家企业在某个财年的资产负债表上可能会有一批数量惊人的陈旧库存，会计人员会将这批库存从资产负债表中删除。而企业会将这批库存看成一次性额外支出，并同时准备预计财务报表和符合一般公认会计准则的财务报表。那么，为什么要提供预计报表呢？因为管理层认为上述情况不再会发生，预计报表能够更清晰地展示企业的发展前景。这种做法关乎的是管理能力。可是有大量库存的情况真的不再会发生了吗？也许会，也许不会。企业的确花了钱才获得这些库存，而且库存的影响会长期存在。美国证券交易委员会提醒广大企业，如果企业使用预计报表欺骗投资者，那么证券交易委员会将会介入调查。

然而，这并不是说提供预计报表不合理。当某家企业进行重组或者合并时，一次性额外支出是在情理之中的。在一些行业（比如日常运营会出现亏损的行业）中，这是一种标准惯例。例如，你可能会看到商誉、折旧和分期偿还被记作一次性特殊支出。如果妥善处理且不违规，一些预计财务报表还是合理的。请牢记，企业在编制预计财务报表时，应力争更为清晰、准确地展现企业的财务与经营状况。当然，有一些企业会千方百计地掩盖其实际情况。

财务报表的用途

简单地说，财务报表是用于企业决策的。作决策和财务报表分析是富有挑战性的工作。作为供应链和物流行业的专业人士，你有可能不使用财务报表进行财务分析，可其他人则不然。因此，你今天所作的决策会影响他们未来的决策。

从会计的角度来看，企业主要有三项业务活动：融资活动、投资活动和运营活动。会计人员的任务主要是识别、收集、衡量、处理和报告企业的商业活动。企业既可以通过从银行（贷方）获得贷款并偿还本息的形式进行融资（获得资金），也可以通过向投资者出售股权（所有权）获得资金。投资活动因企业而异。企业可以将资金投资于其他的公司、证券、财产、工厂和设备。而有些不属于传统银行的企业甚至可以贷款给其他公司和客户，靠贷款本金赚取利息。最后，运营活动（用资金和有价值的东西生产产品和服务）是企业生产和出售其商品和服务的活动。例如，对于一家生产橄榄球头盔的体育用品生产商而言，它的运营活动包括购买制造头盔的原材料、将原材料运输至工厂、制作头盔、为生产头盔的员工支付工资、将头盔从厂房运输到分销中心等。所有这些基本的商业活动都会影响企业的财务状况。

　　这三项业务活动可以收集和汇总数据。企业内部人员可以使用这些数据来管理企业（管理会计），外部人员可以借助这些数据作出投资和信贷决策（财务会计）。

　　企业内部人员只有了解财务数据，才能作出最优化使用资金的合理决策。管理层会使用财务数据在以下方面作出决策。

　　1. 财务：支付股息和资助运营的负债与股本、提早偿还债务以及回购股份。

　　2. 人力资源：支付有竞争力的工资、调整工资、人员编制、员工福利、开展新的培训项目。

　　3. 市场营销：促销和推广、组合产品和服务、服务市场以及定价。

　　4. 供应链与运营：外包、资产利用、库存管理、商品采购、供应商关系以及配送。

　　外部使用者包括税务机关、政府监管部门、银行、投资公司、投资组合经理、分析师、投资者和供应商等。他们也会使用数据作出相关决策。

　　1. 税务机关：企业是否在正常缴税？

　　2. 政府监管部门：企业是否存在诈骗行为？

　　3. 银行：企业的信誉度、企业偿还贷款的能力以及放款核准。

　　4. 投资公司、投资组合经理、分析师以及其他投资者：买、卖和持有股份。

　　5. 供应商：支付条款、合同条款、业务关系、流程整合和信息分享。

　　6. 客户：基于企业的社会责任、环境和人权政策购买产品或者服务。

详解财务报表的要素

资产负债表

　　资产负债表（如表 1-1 所示）记录的是企业在某一具体日期、某一时点上的财务状况和企业的整体状况，它显示了企业持有的资产以及资产持有人。资产负债表由以下三部分组成：

　　1. 资产；

　　2. 负债；

　　3. 股东权益。

表 1-1 百事公司（PepsiCo）资产负债表 ①

资产负债表
20XX 年 12 月 28 日

单位：百万美元（另有说明除外）

资产

现金及现金等价物	9375
短期投资	303
应收账款和票据，净额	6954
库存	3409
预付费用和其他流动资产	2162
流动资产总额	22 203
不动产、厂房和设备，净额	18 575
摊销无形资产，净额	1638
商誉	16 613
其他非摊销无形资产	14 401
非摊销无形资产	31 014
非控制附属公司投资	1841
其他资产	2207
总资产	77 478

负债与权益

短期承付款项	5306
应付账款和其他流动负债	12 533
应缴所得税	—
流动负债总额	17 839
长期债务	24 333
其他负债	4931
递延所得税	5986
负债总额	53 089
承付款项与或有负债	
优先股，无票面价值	41
优先股回购	−171

百事公司普通股东权益

① 数据来自美国证券交易委员会官网。

续前表

资产负债表

20XX 年 12 月 28 日

单位：百万美元（另有说明除外）

普通股票，每股票面价值 1 2 / 3 美分　（官方发行 3600 股，回购普通股面值净额；分别为 1529 股和 1544 股）	25
股票溢价	4095
留存收益	46 420
其他综合累计损失	−5127
普通股回购	−21 004
归属于母公司的股东权益	24 409
非控制权益	110
权益总额	24 389
负债权益总额	77 478

资产

　　资产是有价值的东西，是企业拥有的、未来会给企业带来服务和经济利益的资源。这些资源将用于开展企业的业务活动，比如产品和服务的生产与销售。资产分为有形资产和无形资产两种。有形资产主要由营运资产组成，比如库存、应收账款以及不动产、厂房和设备（又称固定资产）。无形资产则包括版权、商誉、专利和商标。从本质上说，如果企业的资源能够转换成现金，那么这就是资产。

　　资产还可以根据企业认为将要持有时间的长短被划分为流动资产和非流动（长期）资产。你也可以根据资产的流动性来判别。流动资产的持有时间不长于一年，比如现金、库存和应收账款。非流动或者长期资产的持有时间则长于一年。长期固定资产（如不动产、厂房和设备）拥有三个共同特征：

1. 它们都是实际存在的（你可以触摸到它们）；
2. 它们都被用于商业运营；
3. 它们不会被卖给客户。

　　固定资产包括土地、工厂、分销中心、工具、机器、卡车和其他交通工具以及家具等。拥有资产对于抵押负债至关重要。

负债

负债又称债务和义务，是债权人以资产作为抵押的债权。换句话说，我们欠谁的债呢？当企业借钱、赊购产品和服务、拖欠员工工资、拖欠各种税费（如不动产税、营业税和水电费等），甚至当企业从客户处集资而不得不交付商品和服务的时候，都会产生负债。企业的债务分为流动债务（短期债务）和长期债务两种。流动债务指的是一年之内应付的债务，而长期债务指的是超过一年而应付的债务。

典型的流动债务项目包括应付账款、应计费用、应缴所得税和递延/预收收入。常见的长期债务项目（其中一些与流动债务十分相似）包括长期债务、退休津贴、递延所得税、递延/预收收入和应付票据。债务中超过一年的部分将被划分为长期债务。

股东权益

股东权益又称所有者权益和净资产，是企业总资产扣除负债所余下的部分，反映了股东在企业资产中享有的所有权。企业资产总额扣除负债总额决定了企业对其股东的价值。这就是股东权益。

股东权益由两部分组成：

1. 所有者的出资；
2. 留存收益，即企业在经营过程中创造的、没有分配给所有者而留存在企业的收益。

资产负债表中的其他常见名称则代表了所有者的出资情况。你可能会看到类似所有者资本、投入资本和股本等这样的名称，它们的含义在本质上都是相同的。尽管名目繁多，但是其根本目的却是相同的。根据企业的组织形式（如私营公司、上市公司和合伙公司），这些不同的标签有助于区分个人、合伙人和股东的股权情况。投入资本（所有者的出资）是报告所有者财产出资情况的股权会计科目。所有者出资是原始所有者启动公司时的投资和后续投资者的投资。投资者可以通过购买普通股股票或者优先股获取公司的股权或者所有权。投入资本又可以分为股本和资本公积。股本由普通股和优先股两部分组成。了解股东权益的一个重要原因就是要了解企业的出资情况，当然，了解收益同样重要。

留存收益是企业在盈利经营过程中留存于企业内部的资金。确切说，它是报告企业在盈利业务中留存于企业内部的收益的一个会计科目，代表着累计净收益减去累计净亏损和资产退出后的剩余总额。损益表中的净收益是留存收益发生变化的主要动因。收益增加，净收益和留存收益都会增加，而支出和派发股息则会减少留存收益。值得注意的是，财务报表之间是相互关联的。损益表通过净收益和留存收益与资产负债表产生联系。

企业在盈利时获得的现金可以以股息的形式返还给股东和所有者。如果这笔钱不支付给股东和所有者，那么它将作为企业的留存收益并用于其他目的，比如研发、创新、开拓新市场和其他发展计划等。股息政策由企业管理层制定，毫无疑问，这将成为颇具争议的话题。例如，苹果公司长期以来已经积累了大量的现金，股东、投资者和对冲基金经理一直在对该公司施加压力，要求将部分现金返还给股东。

资产负债表能够提供企业在某一时间点的资产、负债和所有者权益的情况，而损益表则提供了企业在一定时间段内的收入和支出信息。

损益表

损益表反映的是企业在某一时段内（如 1 月 1 日至 12 月 31 日）的绩效和经营成果。损益表的时间单位通常是一个月、一个季度或者一年，而资产负债表反映的是企业在某一特定日期、特定时间点的情况。损益表展现的是企业的盈利能力，最终以净收益（或者净亏损）呈现，有时以净利润呈现。净收益很容易与企业募集的现金量相混淆。净收益、净利润和净盈利的含义相同，都暗示着企业在这一时段内募集的现金量。然而事实并非如此。尽管损益表上显示企业有利可图，但是实际上企业极有可能面临着资金短缺、无力支付账单和终止运营的危险。相反，企业可能会出现净亏损，可实际上资金却很充足。请牢记：净收益是利润总额扣除费用后剩余的利润。与此同时，净收益的局限在于它并不能准确地描述利润情况。税收和折旧都会影响净收益。

损益表（如表 1-2 所示）又被称为收益表、盈亏报告（profit and loss statement, P&L）和经营表。本质上，损益表可分为以下四个部分：

1. 主营业务收入：某时段内销售所获得的货币量；

2. 销货成本：某时段内销售产品的成本；

3. 营业费用：某时段内用于支持销售和生产的费用；

4. 其他：其他收入、支出和税金。

表 1-2 百事公司损益表 [①]

损益表	
12 个月，截至 20XX 年 12 月 28 号	
单位：百万美元（每股数据除外，另有说明除外）	
净收入	66 415
销货成本	31 243
销售及一般管理费用	25 357
无形资产摊销	110
营业利润（息税前利润）	9705
利息支出	−911
利息收入与其他	97
所得税税前收入	8891
备付所得税	2104
净收益	6787
减去：由非控制权益产生的净收益	47
百事公司所得净收益	6740
百事公司普通股每股净收益	
基本	4.37 美元
摊薄	4.32 美元
加权平均数在外流通股	
基本	1541
摊薄	1560
普通股每股现金股息	2.24 美元

[①] 数据来自美国证券交易委员会官网。

因此，净收益的计算方式是：

$$净收益 = 主营业务收入 - 成本 - 费用$$

或者可以进一步解释为：

$$净收益 = 主营业务收入 - 销货成本 - 营业费用 - 非现金项目 - 利息 - 税金$$

营业收入

除了使用"营业收入"这个术语外，有人可能也会使用"销售额"这个术语，但是更为准确的术语是净收入或者净销售收入。在有些场合，你可能还会听到"顶线增长（营收增长）"，这个术语表示销售和收入的增长。最终，这个数据代表的是收入减去销售奖励、折扣、退货和补助后剩余的货币数量。营业收入来源于产品和 / 或服务的销售。

营业收入是如何被记入损益表的呢？会计人员会使用收入确认准则来回答这一问题。收入在销售发生时被获得并被确认，而不是在收到订单或者甚至在收到现金时才确认。尽管企业还没有收到付款，但是企业却能够获得收入并将其呈现在损益表上。那么，可能有人会问："什么是销售发生？"我们可以将销售发生理解为当产品发货给客户，客户支付货款的活动。在服务导向型企业中，当服务发生，而且客户为其所接受的服务付款时，销售就得以确认。

为了更好地从整体上了解营业收入，我们需要重点关注以下几点。确认损益表中的收入与现金转手不同，而且销售也与订单不同。在接受订单后的第二个星期就发货，但是在发货后 30 天、60 天甚至在产品运达后仍未收到付款的情况也是完全有可能发生的。

百事公司 2013 年年度报告第 41 页的一段文章阐释了它们是何时确认收入的。

我们的产品可以现金交易，也可以赊账。我们的赊销付款条件依据当地以及行业惯例制定，在美国的客户通常需要在 30 天交货期内支付货款，国际客户则需要在 30 至 90 天内支付货款，而且客户提前付款可以享受折扣。根据销售条款规定，我公司不允许退货，一旦货物装运或者交付至客户，我公司就会确认收入。

认识到营业收入与资产的不同也同样重要。通过分配资产或者出售某种资产就可以获得收入。尽管收入可能会以某种资产的形式（如现金或应收账款）进入企业，但是收入代表的是所有者权益的增加，而不是某种资产的增加。

销货成本

企业通过销货成本（the cost of goods sold，COGS）来记录生产可供销售产品的成本，而其他用来代替销货成本的标签包括销售成本（cost of sold，COS）和收入成本（cost of revenue，COR）。与制造型企业相比，服务导向型企业会更频繁地使用销售成本和收入成本，但也不能一概而论。例如，百事公司在其损益表中就使用销售成本。销货成本（一项费用）被当作产品成本。产品成本与生产产品和提供服务直接相关，包括直接材料成本、直接人工成本和制造间接费用成本，而这些费用能够为企业生产用于销售的产品提供保障。当产品被实际出售时，这些费用就会以销货成本的形式出现。销售之前，所有直接生产成本都会被记录下来，并作为库存出现在资产负债表中。百事公司在其年度报告中将以下内容列为销售成本：

- 原材料；
- 直接人工费用；
- 工厂管理费用；
- 采购与收货成本；
- 与生产计划直接相关的费用；
- 检验费用；
- 原材料处理设备。

费用

损益表中的费用指的是销售、行政和一般费用，这类费用通常被称为销售及一般管理费用，被归为与产品生产不直接相关的营业费用和收入产生支持费用。百事公司的销售及一般管理费用包括搬运、储存和交付最终产品产生的间接费用，以及与广告和营销活动相关的费用。除了佣金、广告和门店展示、运输费用、办公用品和营业执照办理等相关费用之外，销售及一般管理费用还包括高级职员、普通职员和销售人员的薪金。费用中还包括非现金费用，比如折旧费用。另外，制造型企业发现，成本分摊十分棘手。例如，某位工厂经理直接监管着产品的制造流程，却又同时负责管理企业的行政人员。那么，这位经理的工资是计入销货成本中，还是计入销售及一般管理费用中呢？或者两者都应当计算呢？我们尤其需要关注合理分摊生产费用（销货成本）和销售及一般费用。

与收入确认一样，企业也要进行费用确认。进行费用确认时，会计人员通常会遵循配比原则，即让发生的费用和收入相匹配。如果获得了收入，那么与之相关的费用也会得到确认。企业产生的、与其所获得收入间接相关的费用（如员工薪资和水电费）通常会被记录在费用产生的时段内，并不与收入确认相匹配。因此，这些费用被称为期间费用。预付费用（如提前一年支付的房租和保险费）直到预付服务完成之前都被当作资产，会作为费用呈现在损益表上。正如之前所讨论的一样，收入能增加留存收益，然而，费用产生的影响却恰恰相反。费用说明所有者权益中的留存收益有所减少。

总的来说，费用是在获得收益的过程中消耗资产或者使用服务而产生的费用。企业的经营活动会消耗资产或者导致债务的出现。费用代表了创收过程中使用或者消耗的产品或服务而产生的成本。

现金流量表

在财务报表中，现金流量表（如表 1-3 所示）似乎最容易被忽视。然而，了解和管理现金流却十分重要。没有充足的现金，企业就无法按时偿还债务，其运营和发展也无法获得相应的资助。现金流量表因为能够提供现金的实际流动情况、现金流量和去向等信息而非常有用。通过将每笔现金流入（收入）和每笔现金流出（付款）划分至运营、投资和融资等各类活动中，现金流量表提供了一家企业在一定时段内的现金状况。这难道不是资产负债表中的现金账户所提供的信息吗？其实并非如此。请记住，资产负债表展示的是企业在某一具体日期和时点的财务状况。相比之下，现金流量表展示的则是在某个时段内企业的现金流入和流出活动，并且区分现金的来源。现金流量表仅反映了现金流动情况，而资产负债表和损益表不仅反映了现金交易情况，而且还反映了非现金交易情况。

表 1-3 　　　　　　　　　　**百事公司现金流量表** [①]

现金流量表

12 个月，截至 20XX 年 12 月 28 日

单位：百万美元（另有说明除外）

经营活动	
净收益	6787
折旧与摊销	2663
基于股权的赔偿费用	303
并购合并成本	10
并购合并成本付现	−25
重组和减损费用	163
重组费用付现	−133
重组和其他与顶益集团交易相关费用	—
重组和其他与顶益集团交易相关费用付现	−26
委内瑞拉货币贬值相关非现金汇兑损失	111
以股份为基础的超额税收益	−117
退休金和退休人员医疗计划出资	−262
退休金和退休人员医疗计划费用	663
递延所得税、税金和信贷	−1058
应收账款和票据变化	−88
库存变化	4
预付费用和其他流动资产变化	−51

[①] 数据来自美国证券交易委员会官网。

续前表

现金流量表
12 个月，截至 20XX 年 12 月 28 日

单位：百万美元（另有说明除外）

应付账款和其他流动负债	1007
应付所得税变化	86
其他，净利	−349
经营活动提供的净现金	9688
投资活动	
资本支出	−2795
不动产、厂房和设备销售	109
收购万邦达，现金净额和获取的	—
现金等价物	
万邦达投资	—
与顶益集团交易相关付现	−3
其他非控股子公司收购与投资	−109
剥离	133
短期投资，依据初定偿还期	
3 个月以上到期	—
3 个月或以下，净额	61
其他投资，净额	−21
投资活动现金净额	−2625
融资活动	
发行长期债务收益	4195
长期债务付款	−3894
债务回购	—
短期借款，依据初定偿还期	
3 个月以上收益	23
3 个月以上付款	−492
3 个月或以下，净额	1634
支付现金股利	−3434
普通股回购	−3001
优先股回购	−7
非控制性权益收购	−20

续前表

现金流量表
12 个月，截至 20XX 年 12 月 28 日

单位：百万美元（另有说明除外）

其他融资	−33
用于融资活动的现金净额	−3789
汇率浮动对现金与现金等价物影响	−196
现金和现金等价物净增长（减少）	3078
现金和现金等价物，年初	6297
现金和现金等价物，年末	9375

现金流量表中的信息对于现有和潜在的投资者和债权人十分有用，因为它有助于回答以下问题。

1. 在这段时期内，现金从哪里来？现金的用途是什么？现金余额发生了什么变化？

2. 净收益与现金流有差异的原因是什么？

3. 企业是否有能力偿还债务和支付股息？

本质上，现金流量表首先呈现的是企业在期初拥有的现金量、增加各项现金收入和扣除现金支出，然后呈现的是期末持有的现金。编制现金流量表时，会计人员会使用资产负债表和损益表中的项目，并且根据经营活动、投资活动和融资活动整理数据。

大部分供应链和运营活动都被划入经营活动，其中包括应付现金流出量、库存和材料费用、销货成本、间接费用和预付费用。现金流量包括应收账款和产品销售收入。折旧和摊销等非现金费用项目也包含在运营活动中。简而言之，典型的经营活动包括从客户处收集现金、现金购买货物和库存以及现金支付房租和工资。

投资活动包括采购和固定资产（如不动产、厂房和设备）收益。融资活动包括从购买了公司股票的投资者、贷款给企业的贷款人以及发放贷款额度的贷款人等处筹集现金的活动。当然，当企业支付股息和偿还借款时，企业就失去了现金。

财务报表之间的关联

正如前文所述，如果想准确了解企业的概况，我们就应当查阅这四张财务报表。每张报表都无法清晰地展示企业的现状，我们只有把所有信息汇总起来，才能获得有价值且独特的企业信息。如果我们想确定企业在某一时点持有或者亏欠的现金数目，那么查阅资产负债表不失为明智之选；如果我们想知道在某一时段内，哪些经营活动导致了企业的盈利或者亏损，就可以查阅损益表；如果我们想了解企业在某一时段内现金的流入和流出情况，就可以查阅现金流量表。

业务活动以某种方式影响着每张财务报表。例如，一家化工产品生产企业以赊账的方式向一家建筑公司出售了价值 10 000 美元的化工产品。销售所获得的收益被记入损益表。据此推断，化工企业生产化工产品会产生费用。例如，假设此案例中的销货成本为 2500 美元，由于这次销售，销货成本也随之增加。由于买家打算将来付款，因此该化工企业的资产负债表中将增加一笔 10 000 美元的应收账款，同时库存资产将减少 2500 美元。这些活动已经使资产负债表和损益表发生了相应调整，但由于并没有现金转手，因此现金流量表没有发生变化。最后，资产负债表中的留存收益将根据获得的收益、发生的费用以及销售过程中支付的税款作出调整。如果 10 000 美元的销售额超过发生费用和税款的总额，那么留存收益将使额外净收益相应增加。否则，就会产生净亏损，留存收益也会相应减少。

1. 损益表
   - 收入　10 000+
   - 销货成本　2500+
2. 资产负债表
   - 流动资产
     应收账款　10 000+
     库存　2500–
   - 留存收益
     收入 > 费用和税款 +
     收入 < 费用和税款 –

3. 现金流量

- 不变

现在，让我们从建筑公司（即买家）的角度来考虑这种情况。建筑公司获得了价值 10 000 美元的库存资产和化工产品，这将会给该公司带来经济效益。同时，由于亏欠化工企业 10 000 美元，该公司也产生了债务和应付账款。化工企业有权要求建筑公司用价值 10 000 美元的资产作为抵押。建筑公司的现金流量表是否发生了变化呢？答案是还没有，因为它还没有支付任何现金。一旦支付了现金，那么它的现金流量表就会发生变化。那么，该公司的损益表是否发生了变化呢？也没有。在这种情况下，有三个因素起着决定作用：第一，要确定化工企业与建筑公司的收益是否直接或间接相关；第二，如果直接相关，就将费用分配给销货成本，反之则将费用分配给销售及一般管理费用；第三，要确定费用分配的时间。收益呈现在损益表上时，销货成本费用就得以分配。当资产（即化工产品）被使用时，销售及一般管理费用就被记录在损益表中。

最后，了解每张财务报表既彼此相关又相互联系是十分重要的。通过回顾表1-1、表 1-3 或者观察调整后的财务报表（如表 1-4 所示），我们发现财务报表之间通过某些项目而产生的关系十分清晰。请注意，现金流量表中的"期末现金余额"与资产负债表中的"现金"是相等的，而且损益表中的"净收益"和现金流量表中的"净收益"是相等的。损益表中的净收益会被添加到资产负债表中的留存收益中，因此股东权益也随之增加，尽管这种交易并不明显。

表 1-4	调整后的财务报表

资产负债表
20XX 年 12 月 28 日

单位：百万美元（另有说明除外）

资产	
现金和现金等价物	9375
短期投资	303
应收账款和票据，净额	6954
库存	3409
预付费用和其他流动资产	2162

续前表

资产负债表

20XX 年 12 月 28 日

单位：百万美元（另有说明除外）

流动资产总额	22 203
百事可乐普通股东权益	
留存权益	46 420
其他累计综合损失	−5127
归属于母公司股东持有者的权益	24 409
非控制性权益	110
权益总额	24 389
负债权益总计	77 478

损益表

12 个月，截至 20XX 年 12 月 28 日

单位：百万美元（每股数据除外，另有说明除外）

净收益	6787

现金流量表

12 个月，截至 20XX 年 12 月 28 日

经营活动	
净收益	6787
年初现金和现金等价物	6297
年末现金和现金等价物	9375

第 2 章 财务报表入门精要

Financial Intelligence for Supply Chain Managers

第 1 章简单地介绍了财务报表的基本内容。在本章中，我们将会更深入地介绍财务报表的相关内容。要想更好地理解后续章节中的内容，特别是比率分析方面的内容，我们就有必要更仔细地研究财务报表。本章将重点关注那些出现在财务报表中的数字是如何被计算出来的，涉及的数字包括：

1. 资产价值；
2. 库存成本核算；
3. 折旧及摊销；
4. 收入确认；
5. 销货成本；
6. 租赁。

作为员工和管理者，我们的确想知道，我们的行动是有助于企业获得更稳固的财务基础，还是在削弱企业的财务基础。了解财务报表可以让供应链和运营经理作出更明智的决策。诸如确定库存成本或者折旧及摊销是如何影响财务数字的等财务话题对了解一家企业的财务状况尤为重要。比率分析在评估企业绩效时特别有用，然而它们却需要被小心解读。

我们将在第 3 章中介绍财务比率分析。要想真正了解比率意味着什么，就要知道比率的构成要素以及它们是如何被计算出来的。另外，了解比率的各个要素是如何确定的以及相关信息从何而来也相当关键。介绍财务报表中的数字是如何通过比率分析合理计算出来的是本章的基础。会计人员和高层管理者会根据报告信息作出各种假设,这是完全合规的,然而,这些假设也可以使财务分析和比率分析变得更困难。财务分析和比率分析可以而且也应当使用来自财务报表不同部分的信息来进行。

在极少情况下,进行分析所需的所有信息都可以轻易地在资产负债表、损益表或者现金流量表中找到。相反,我们可能需要更仔细的核查才能找到必要的信息。由于很多假设是企业的财务专家提出的,所以各类财务报表报告的数字并不一定就是供应链和运营人员用来进行财务分析和作出日常决策所需要的数字。会计人员在编制财务报表时有基于历史趋势作出假设的自由,比如假设应收账款无法收回、有各种债务(如纳税、缴纳养老金)以及法律义务。会计人员还会就如何对有形资产进行估值、如何对品牌和无形资产进行估值以及如何为商誉分配金额等作出假设。基于这些假设,财务绩效可能会有很大的差异。

下面这段描述来自百事公司 2013 年年报,其中对假设的使用进行了说明。

编制满足一般公认会计准则的合并财务报表时需要我们对影响报告资产金额、负债、收入、费用以及或有资产和负债的披露作出预估和假设。在其他项目中,预估用于确定销售奖励应计额、税收准备金、股权薪酬、养老金和退休人员医疗应计项目、无形资产金额和使用年限以及与永久品牌、商誉和其他长期资产减值测试相关的未来现金流。

财务报表中广泛使用了注释,并对很多重要细节作出了说明,这有助于人们更全面地了解企业的财务和经营状况。只要企业保持其假设的一致性(一致性原则),那么分析、决策和推理就会相当简单。当假设条件每年都不一样时,或者当人们开始对企业进行比较时,财务分析就会变得非常困难。要想更好地理解企业的财务报告,关注注释非常重要。

百事公司的年报中就有强调其会计准则的章节。这份年报让我们能够深入了解和学习百事公司是如何记录与报告其财务数字的。例如,百事公司在其财务报表中提供了以下事项。

1. 收入确认。"我们承认那些由为客户发货和交付所带来的收入，而这些发货或交付是基于注明了不允许退货的书面销售条款进行的……同样，我们规定仓库配送的某些产品是为了更换受损和过时的产品。"

2. 销售成本。"原材料、直接人工费用、间接费用、采购和收货成本，以及与生产计划、各项检验成本、各类原材料处理设备直接相关的各项成本均包括在销售成本中。搬运、存储以及交付成品的各项成本则包括在销售及一般管理费用中。"

3. 配送成本。"配送成本（包括运输与各种处理活动的成本）是作为销售及一般管理费用进行报告的。"

4. 库存。"库存根据成本和市价孰低法（Lower of Cost or Market）进行估值。成本由使用先进先出（First-In First-Out，FIFO）或后进先出（Last In First Out，LIFO）的方法计算出的平均值决定。"

5. 不动产、厂房和设备。"不动产、厂房和设备根据历史成本记录。折旧与摊销按照直线折旧计算资产预计使用年限。土地不计折旧，在建工程在投入使用之前不计折旧。"

通过诸如百事公司提供的这些详尽信息，财务报表就可以更清晰地反映一家企业的财务状况，因为它考虑了报表中的假设。理解了这些假设，供应链和运营人员就可以清楚地知道应当如何将企业的日常活动呈现给管理层、股东以及分析师，以便他们作出更明智的判断。

资产价值

会计人员会使用各种资产评估方法。用来进行资产评估的方法会对资产负债表中各类别的内容产生影响。因此，在通过财务分析作出任何推断之前，我们有必要了解会计人员采用了哪种估值方法。资产一般是按照成本或者公允市价进行估值的。简单地说，成本是企业为获得资产而支付的金额，其中包括了与采购资产相关的所有成本。相反，公允市价则是如果出售资产，企业所能获得的金额。

从供应链和运营的角度看，成本是最常见的估值方法，这主要是因为资产类别与供应链和运营密切相关。例如，库存一般按照购置成本或者重置成本进行估值，不动产、厂房和设备则按照购置成本进行估值。其他资产类别通常使用不同的估值方法。交易较为活跃的资产（如股票和有价证券投资以及应收账款）通常使用公允市价进行估值。

了解了成本通常会在供应链和运营中被用作估值方法，有人也许会问不采用公允市价法的原因。从表面上看，采用公允市价法也许更为合理，因为企业如果出售资产的话，收到的金额即是成本，然而，这种方法却颇具主观性。由于需要进行验证，确定或者估算公允市价非常耗时，而且成本不菲。我们以塔吉特公司为例来说明企业如何确定公允市价。塔吉特公司通过获取市场评估、第三方中介的估值或者使用其他估值方法来预估销售货物的公允市价。完成这个预估成本不菲。因此，没有高额的费用支出，就无法轻易地验证公允市价。然而，购置成本是可以得到验证的，因为购买某种商品时会有货币交易记录以及货物成本证明。所以，对供应链和运营人员而言，成本就成了一种更为常用的估值方法。

使用成本法对资产进行估值与使用历史购置成本分析是一样的。这其中包括所有与购买以及使资产在所需之处备妥投产相关的成本。适用的成本包括运输、储存、税费、关税、消费税、保险、法律、测试和安装。相比较而言，公允市价法是一种较为主观的方法，它与企业出售资产时所能得到的金额有关。要想更清楚地了解成本估值法，可以参考下文中的案例。

不动产

土地通常是作为楼宇、卖场、配送中心或者仓库的物理位置而购入。土地的总成本包括土地的现金价格、土地买卖手续费用和所有权成本、税赋、房地产经纪佣金以及与备妥不动产的相关成本。备地包括分级、清理、排水、清除地下气罐、增设停车场以及添加道路或者入口等。

报告土地成本时会受到包括时间在内的诸多因素的影响。我们列举一个使用土地成本法的案例。假设塔吉特公司在五年前花费 500 000 美元购买了这块地。在这五年中，土地增值至 1 000 000 美元。尽管如此，资产负债表所报告的土地成本仍为 500 000 美元。成本差异会影响分析师对该公司绩效的看法。该公司实际拥有土地的价值比所报告的价值更高。

> `案例` 土地成本
> 　+ 不动产的现金价格
> 　+ 拆除地块上现有仓库的净成本
> 　+ 律师费用
> 　+ 地产经纪人佣金
> 　= 土地成本

厂房和建筑

厂房和建筑成本与土地购置类似，也有诸如购置建筑的现金价格、土地买卖手续费用和所有权成本、税赋、房地产经纪佣金以及与备妥不动产相关的成本。准备成本包括改建、管道、电气工程、喷涂以及建造施工期间建设资金的利息支付等。另外，企业可能还会有其他厂房和建筑，这些厂房和建筑的价值会高于或低于资产负债表中所报告的价值。

设备

设备包括企业在经营中使用的资产，比如工厂机械、送货车辆、办公家具和计算机。除了采购价格，设备成本还必须考虑销售税、运输费以及运输、组装、安装和测试期间的保险。受这些额外因素的影响，我们必须通过计算来给出设备实际的成本。

> `案例` 工厂机械
> 　+ 现金价格
> 　+ 销售税
> 　+ 运输过程中的保险

　　+ 安装和运输

　　= 工厂机械的成本

案例 送货车辆

　　+ 现金价格

　　+ 销售税

　　+ 喷涂与印刷

　　= 送货车辆的成本

　　为了明确企业真实的财务状况，了解如何对资产进行估值是有意义的。显而易见，报告的资产结余不一定与当前市场情况或者公允价值相符。而且，与成本方法相关的知识有助于我们更好地理解如何降低资产的购置成本。

非现金交易

有形资产与折旧

　　随着时间的推移，固定资产或长期资产会受到磨损，会被淘汰，它们的生产能力也会下降。简言之，它们产生收入的能力会随着时间的推移而下降。考虑到可用性的降低，资产会随其使用寿命而计提折旧。某种资产的使用年限可以由时间、生产产品的数量、周期数或者其他一些定义资产不再可用的标准来决定。比如，软件的使用年限可以为 3 年；飞机起落架或者机体的使用寿命可以为 25 000 个周期（起飞和降落）；飞机发动机的使用寿命可以为 15 000 个飞行小时。当然，日常和预防性养护会对飞机部件的使用年限产生影响，可以使其比预估的年限更短或者更长。

　　然而，并非所有的资产都会计提折旧。你可能会问："哪些资产需要计提折旧呢？"除了土地之外，那些被归为不动产、厂房和设备的资产会计提折旧。土地改良、建筑物和设备会计提折旧，而土地本身却不会，因为土地没有确切的使用寿命，相反，土地是可以无限使用的。而且在很多情况下，由于可用土地的减少，土地会变得更具使用价值。土地会持续为企业产生收入。需要注意的是，折旧是用来分配成本的，它并不决定某种资产的价值。最终，一种完成折旧的资产的账面价值可能显示为 0 美元，但是出售该资产的公允市价可能要高很多。

通常情况下，固定资产在资产负债表中是以历史购置成本减去累计折旧来估值的。例如，一家公司以 12 000 美元的价格购置了某种制造设备，预计设备残值为 2000 美元，而且确定设备的使用年限为五年。在接下来的五年中，该资产的一部分成本作为费用转入损益表。假设该资产每年折旧 2000 美元，那么公司每年会计提 2000 美元作为折旧费用，直至 10 000 美元（12 000 美元 –2000 美元）全部提光。在资产负债表中，实际的历史资产价值不会降低，仍是 10 000 美元，但是，历史成本价值的百分比或者金额会通过一个名为累计折旧的资产负债表科目减小。累计折旧是企业出于税务考虑的折旧金额的费用累积总和。在这个例子中，累计折旧每年增加 2000 美元。由于折旧通过损益表中的折旧费用项目降低了毛利率，所以企业每年支付的税会少一些。较少的收益意味着可以少支付一些税，这就是记录折旧是有好处的原因。在塔吉特公司的资产负债表（如表 2-1 所示）中，资产由于累计折旧减少了 14 402 美元。而我们可以在其损益表（如表 2-2 所示）中发现，一笔 2223 美元的折旧和摊销费用减少了应税所得额。

表 2-1　　　　　　　　　塔吉特公司资产负债表中的资产部分 [1]

资产负债表
20XX 年 2 月 1 日

单位：百万美元

资产

现金与现金等价物	695
信用卡应收账款，待售	—
库存	8766
其他流动资产	2112
流动资产总额	11 573
不动产与设备	—
土地	6234
建筑物与改造	30 356
固定设施与设备	5583

[1]　来源：塔吉特公司 2013 年年报。

续前表

资产负债表
20XX 年 2 月 1 日

	单位：百万美元
在建工程	843
累计折旧	−14 402
不动产与设备，净额	31 378
其他非流动资产	1602
总资产	44 553

表 2-2   塔吉特公司的损益表 [①]

损益表
20XX 年

	单位：百万美元
销售	72 596
信用卡收入	—
收入合计	72 596
销售成本	51 160
销售及一般管理费	15 375
信用卡费用	—
折旧与摊销	2223
应收账款交易收益	−391
息税前利润	<u>4229</u>
净利息费用	1126
所得税前收益	<u>3103</u>
所得税条款	1132
净收益	1971

    在介绍了制造设备折旧并列举了塔吉特公司的例子之后，我们发现，很明显，尽管折旧被列入费用，但实际上，该公司每年并没有支付 2000 美元。没有现金转手，公司展示的只是非现金开支。尽管书面显示毛利下降了 2000 美元，但并没有现

---

① 来源：塔吉特公司 2013 年年报。

金转手。你可能会问："该设备五年后还可以使用吗？"当然，没有理由不让该公司继续使用该设备。但是，该公司却不能再通过计提折旧费用来减少应税额。

企业的管理者可以选择使用包括直线法、活动单位、余额递减法和加速折旧法在内的各种折旧方法来计提折旧。在选择计提折旧的方法时，管理者必须考虑各种方法的利弊。比如，直线折旧法是最常见且最易使用的，这是它的优点，然而这种方法的缺点在于，关于资产的有用性在其有效寿命中保持不变的这一假设往往会最大化净收入。直线折旧法每年折旧与资产有效寿命相同的数额，而加速折旧法早期对资产的计提折旧会比较高，但计提折旧会随着时间而降低。

在编制财务报表与完成纳税义务的过程中，企业拥有选择计提折旧方法的自由。这两种方法可以不同，所以加速折旧法经常被用于纳税申报，因为这样做可以在短期内最大限度地减少纳税。有趣的是，无论企业采用哪种折旧方法来申报纳税，从长期看，折旧方法对企业缴纳税款和收益的影响没什么差别。然而，从短期看，由于选择的折旧方法不同，企业在收益和纳税方面会有显著的差别。

企业对某项资产计提折旧的值被称为折旧成本，它是由资产原值减去其残值后得出的。残值是资产过了其使用年限之后的估值。在前面的案例中，如果设备的成本为 12 000 美元，使用年限为五年，残值为 2000 美元，那么该设备可以计提的折旧额为 10 000 美元或者每年 2000 美元（如表 2-3 所示）。为了清楚地说明这个例子中所采用的直线折旧法，请思考以下因素。

案例 直线折旧法

　　设备成本 = 12 000 美元

　　残值 = 2000 美元

　　使用年限 = 5 年

　　账面价值 = 成本 − 累计折旧

年报会显示企业是如何对其资产进行折旧的。我们来看一个真实的案例。塔吉特公司的年报显示，如果时间相对较短的话，在预计使用年限或者租期内，该公司会采用直线折旧法对其不动产与设备计提折旧。但是对于所得税，该公司一般采用加速折旧法。为了进一步说明其计提折旧的方法，该公司对资产折旧的年限给出了以下指导方针：

预计使用年限：寿命

建筑物及其改造：8 年至 39 年

装置和设备：2 年至 15 年

计算机硬件和软件：2 年至 7 年

表 2-3 折旧细则

单位：美元

年份	折旧成本	年度折旧费用	年末	
			累计折旧	账面价值
2015	10 000	2000	2000	10 000
2016	10 000	2000	4000	8000
2017	10 000	2000	6000	6000
2018	10 000	2000	8000	4000
2019	10 000	2000	10 000	2000

那么，企业是如何决定将与某项资产相关的费用归入营业费用还是折旧费用呢？当企业发生用以维护或者营运某项资产的日常和经常性费用时，这些成本应当归入损益表中的营业费用，与收入对应。如果资产以某种方式被购置、升级或者改良，使企业获得了额外收入，那么这些成本应被归入资本性支出。资本性支出以资产和累计折旧的增加在资产负债表中体现，并以折旧费用在损益表中体现。资本性支出通常是固定的、具体的、非消耗型资产，比如厂房和设备。这些成本一般不会重复发生，而且金额通常非常巨大。

固定资产净值

除了了解了不同类别资产的估值，了解固定资产的总额也很重要。固定资产净值由企业拥有的全部固定资产的值加上对资产的改良，减去累计折旧、资产价值的永久下降额以及资产的负债总额计算得出。

案例 固定资产净额

+ 固定资产采购价格

+ 对现有资产的后续增建

− 累计折旧

− 累计资产减值

− 与固定资产相关的负债

= 固定资产净值

无形资产与摊销

摊销与折旧的概念相同，只不过这些实例中的资产不是实物资产，而是无法触及到的资产。这些资产可能包括版权、专利、商标、特许经营权、许可和客户名单。某些无形资产会随着时间的推移发生减值或者被摊销，就像有形资产会随时间的推移发生折旧一样。摊销的过程就像折旧的过程一样，会减少账面收益，使企业支付较少的税款。

另一种无形资产是商誉。商誉是一系列良好无形属性的集合，这些属性不与其他资产进行组合。组成商誉的项目包括理想的位置、特殊的技术或者才能、积极的客户关系或者健康的联盟关系。在收购一家企业时，这些项目可以用于判断是否要溢价收购。另外，商誉不进行摊销，因为商誉的使用年限无法精确判定。当一家企业被收购时，收购价格与净资产之间的差额即为商誉。因此，商誉只在收购完成后才被记录，但每年都要对其进行减值测试。商誉可能会随时间的推移而下降，因为支付高过公允市场价值的理由首先会受削弱。

库存成本和销货成本

除了固定资产，库存管理是供应链和运营专业人士最为关注的问题之一。在报告期的期末，企业必须确定要留下多少库存，以及要作为资产在资产负债表上报告。同时，企业还要确定同期已售库存的金额，并因此要作为一项费用在损益表上报告为销货成本。了解库存是如何估值、在资产负债表上如何描述以及在损益表中是如何转化为销货成本的，这对供应链和运营专业人士而言至关重要。库存跟踪和成本核算的方法有很多，我们在此不作赘述。

对零售企业、批发商和制造商而言，库存的分类各不相同。零售商将其库存作为商品库存；批发商要保证有库存，随时可售。相反，制造商和组装厂将其库存分为原材料、在制品和制成品。制造商和组装厂这种库存归类方法是为了表明库存情况，以及库存是否处于可售状态。例如，在组装飞机之前，飞机制造商会将飞机的零部件（如轮胎、线路以及各种液压泵等）归为原材料，这些都是生产中要直接用到的材料。一旦开始组装，制造商就会将这些零部件归为在制品。在制品是与直接材料、直接人工和制造费用有关的库存成本。一架已装配完成且处于待售状态的飞机会被归为制成品。需要指出的是，资产负债表中的所有库存都会被合并报告。

库存一般是按成本进行估值，并以这种方式在资产负债表中予以报告的。如果库存的市场价值低于其实际成本，那么企业可能会将库存金额调低至较低的成本或者市场价值。库存成本包括购置产品的金额加上将其摆放到位并置于可售条件下的各项相关成本，其中包括与购置、运输和储存库存相关的各项成本。购置成本会随着拿到的采购退回的金额、补贴以及折扣而下降。另外，制造商和装配商会在销货成本中加入生产的直接成本，比如劳动力成本和间接费用。

需要特别注意的是，制造的间接费用是由除直接原料和直接人工以外的所有制造费用构成的，而直接原料和与生产相关的直接人工则包括在销售成本中，这一点很重要。间接费用不仅包括工厂的消耗以及与特定产品生产没有直接联系的人工，而且还包括一般的制造成本，比如折旧、保养、维修、财产税、保险和水电费等成本。此外，除去那些纯粹与销售和业务管理功能相关的费用之外，一些与生产相关且份额合理的管理成本也可被视为间接费用。

企业利用库存账户余额来确定损益表中的销货成本。

（期初库存 + 采购）– 期末库存 = 销货成本

由于资产负债表展示的是某一时点上的数据，所以该表中的期末库存是当期数据，而上期的库存则会被列为期初库存。换句话说，如果某期期末的库存为150 万美元，那么下期的期初库存则为 150 万美元。

当企业在不同时间以不同成本购入库存时，想要确定销货成本就会出现困难。例如，某公司在不同时间以不同的价格购入了三台液压泵，意在转售给其客户。假设这三台液压泵分别以 1000 美元、1100 美元和 1200 美元购入，现在公司要出售其中一台。这时，它们应当如何确定库存的价值呢？这种情况引发了一些问题，比如库存的价值是什么？应当先出售哪台液压泵？该公司出售了哪台？出售那台有什么关系吗？剩余库存的价值是 2100 美元、2200 美元还是 2300 美元？

当企业的库存有限时，将所购入的货品与所销售的货品进行匹配会比较容易；而当库存量单位较多时，要进行匹配就会变得相当困难。

由于将所购入的货品与之后所销售的货品进行匹配不具操作性，因而人们会使用一些库存核算方法来确定销货成本。这些方法并不假设将货物的流动与成本的流动相匹配。这就意味着在上述液压泵这个案例中，价值 1000 美元的液压泵可能是第一个购入的，但它有可能是第一个或者最后一个被出售的。无论如何，分配给第一个售出的液压泵的成本可能是 1200 美元。那么，管理者应当如何核算企业的库存呢？这真的很重要吗？

库存核算方法包括先进先出、后进先出以及平均库存法。管理层会选择最适合企业目标的核算方法。在这一点上有必要重申，企业会进行库存成本核算来为资产负债表的期末库存分配一定的金额。另外，这也可以使企业为损益表的销货成本分配一定金额的销货成本。企业并没有决定按照何种顺序来销售实物库存，因为没必要将成本与库存的实际流动作匹配。当库存被售出，成本从"库存资产"科目转移到"销货成本费用"科目。你需要记住的总体思路是：库存成本和销货成本会受到管理层和会计人员所选择的成本核算方法的影响。两家同样购入、生产和销售库存的企业，由于采用的成本核算方法不同，其财务报表中的库存和销货成本会大相径庭。

先进先出法假设先购入的货物要先进行销售,因此,最后购入货物的成本被用于计算期末库存的成本。后进先出法假设最后购入的货物要先进行销售,因此,先购入货物的成本用来计算期末库存的成本。平均库存法基于加权平均的单位成本来分配成本。接下来,我们会列举一个使用先进先出法和后进先出法来计算期末库存和销货成本的案例。

1月1日,水泵配件分销商 MachineWorks 公司有 100 条某规格水管的库存。随后一年中,它们陆续购入了更多水管。到当年年底的 12 月 31 日,该公司有 120 条水管。在这一年中,它们售出了 400 条水管。我们想知道,该公司的期末库存是多少以及年底时,该公司的销货成本是多少(如表 2-4、表 2-5 和表 2-6 所示)。销货成本的公式是:

$$销货成本 = (期初库存 + 采购) - 期末库存$$

表 2-4　　　　　　　　　　　　　采购数据

日期	采购数量（条）	单价（美元）	采购成本（美元）
1 月 1 日	100	10	1000
5 月 11 日	200	11	2200
8 月 14 日	100	12	1200
9 月 18 日	120	15	1800
合计	520		6200

表 2-5　　　　　　　使用先进先出法计算的期末库存和销货成本

采购日期	剩余量（条）	单价（美元）	成本（美元）
9 月 18 日	120	15	<u>1800</u>
期末库存成本			1800

销货成本 = (1000 + 5200) - 1800 = 4400(美元)

表 2-6　　　　　　　使用后进先出法计算的期末库存和销货成本

采购日期	剩余量（条）	单价（美元）	成本（美元）
1 月 1 日	100	10	1000
5 月 11 日	20	11	2200

续前表

采购日期	剩余量（条）	单价（美元）	成本（美元）
期末库存成本			3200

销货成本 =（1000 + 5200）- 3200 = 3000（美元）

由于库存核算有三种方法，一家企业到底会选择哪种方法往往会受到三个因素的影响，它们分别是资产负债表效应、利润表效应和税收效应。由于价格通常会随时间而上涨，如果采用先进先出法，资产负债表在通胀时期所显示的库存余额会更准确；如果采用后进先出法，通胀时期的库存余额则会被低估。依据所选库存核算方法的不同，资产负债表中的期末库存会有所不同，损益表中的销货成本也同样会根据所选方法的不同而不同。期末库存用于计算销货成本，这也会影响损益表中的销货成本。销货成本直接影响毛利，继而影响收益和所要支付的税款。当采用先进先出法时，净收益一般会在通胀时期比较高，而采用后进先出法则会减少净收益。因此，先进先出法会增加纳税额。但是，如果采用后进先出法，销货成本会增加，这会减少税前收益。总体而言，后进先出法会减少纳税额。

以下是塔吉特公司对其库存和销货成本政策作出的说明。

库存和销售成本：我们使用零售库存法来说明大多数库存和相关的销售成本。使用这种方法时，库存是使用后进先出法所确定的成本来表示的，而成本是由每个商品组的期末零售值的零售成本比率来确定的。库存成本包括我们为购置库存而支付给供应商的金额、为将产品交付至我们的配送中心和门店所产生的运输费用以及进口成本，减去供应商收入和现金折扣。配送中心主要的运营成本（包括薪酬和福利）都列支为当期发生的销售成本。由于库存值会定期调整以反映市场情况，所以我们的库存方法反映的是成本或者市价中相对较低的那个。我们减少库存，以应对与损耗和降价有关的预估损失。我们的损耗预估是以实物盘点所核实的历史损失为基础的。从历史上看，我们的实际盘点结果表明，我们的预估是可靠的。当商品销量逐渐降低时，旨在清仓的降价会被记录下来。

经营性租赁和表外交易

运营经理可能会偏好经营性租赁（出租），而非购置资产。经营性租赁不仅提供了优惠的税收待遇和融资方案，而且还使经营更灵活。经营性租赁不会让资产和负债（债务）出现在资产负债表上，而是把经营开支放入损益表。遗憾的是，一些管理者会用这个技巧不让交易出现在资产负债表上来粉饰企业的财务状况。经营性租赁有提高资产回报率和资产周转率、降低负债股权比率，使这些数据看起来对企业更有利的作用。正是由于这个原因，经营性租赁的披露规则已经就位，该规则将迫使企业提供其如何利用经营性租赁的相关信息。

除了经营性租赁，还有第二类租赁，即资本租赁。它对所有权进行模拟，迫使企业通过资产与负债科目展示资产负债表中的资产。使用租赁性资产的企业试图将租赁归为经营性租赁，而不是资本租赁，这样它们就不用在资产负债表中展示租赁负债了。企业要想将租赁归入经营性租赁，就必须符合一定的标准。虽然这已经超出了本书的范围，但值得注意的是，会计人员和高管经常就这些标准争论不休。从本质上讲，这些标准与所有权和产权的转移有关。另外，还要将不动产的使用年限与企业租赁设备或者不动产的时间长短进行比较。如果租赁协议将所租资产的所有权从出租人向承租人转移，那么这就是资本租赁。

每家企业都有自己的租赁方法。塔吉特公司用以下文字解释了它们处理租赁的方法。

我们会租赁某些零售点、仓库、配送中心、办公空间、土地、设备和软件。资本租赁项下的资产包括不动产和设备。经营性租赁租金以直线法为基础列支费用，而且从我们占有该资产那一天就开始随租赁期列支。在租赁之初，通过假设续租权的行使可以得到合理保障，我们就确定了租赁期。续租权的行使完全由我们自行决定。租赁期用以确定该租赁是资本性租赁还是经营性租赁，并用以计算直线租金费用。此外，租赁资产和租赁资产改良的折旧年限会受到预计租赁期的限制。

应收账款净额

很多供应商和批发商以挂账的方式销售商品和服务，它们期望从那些欠其现金的公司收到款项。但现实是，那些准予赊欠或者提供融资支付条件的公司确实预判到会有款项无法收回的情况。资产负债表中的资产科目（应收账款）会被调整成用来显示欠款减去公司认为无法收回的款项，或者从客户处收到现金之前所发生的销货退回之后的金额。

如果有欠款未能收回，这些欠款在损益表上就会显示为坏账费用（或其他类似的名称），从而减少净收益。在这种情况下，企业就要选择以何种方法估算应收账款和计算坏账费用。一种方法是直接冲销法，具体操作方式是当发生实际损失时，即当企业知道无法收回款项时，要减少应收账款，增加坏账费用。这种方法显示了实际损失。然而，更常见和有效的方法是备抵法。使用该方法，企业可以在销售时预估无法收回的款项（匹配原则），然后再调整应收账款备抵余额，来更准确地反映企业相信可以收回多少现金。

> 案例 应收账款净值
> ＋应收账款
> －无法收回（存疑）应收备抵额
> ＝应收账款净值

企业应如何预估无法收回的应收账款金额呢？它们会采用销售额百分比或者应收账款百分比这两方法。两种方法均使用历史信息来创建预估。使用销售百分比法时，企业应计算出总销售额或者赊销净值的百分比。而应收账款百分比法会根据未付时间的长短来区分应收账款所适用的不同百分比。款项拖欠的时间越长，收回的可能性就越小。

净收入

损益表上显示的收入（销售）是收入减去所有退货、折扣以及货损或者货失的补贴。另外，如果运费成本是加在客户发票中的话，损益表中的收入还要扣除运费。最后，损益表上所报告的是净收入。

案例　净销售收入

　　＋总销售收入

　　－销售退货

　　－销售补贴

　　－销售折扣

　　＝净销售收入

　　虽然销售总额能够使一家企业看起来是盈利的，但是期望企业会保留其所有的销售收入却是不合理的。商品被退回或者企业提供的服务不令人满意的情况并不少见，在这种情况下，客户会得到退款。自然，企业会将一定的销售收入退回客户。净销售收入更有助于理解企业期望收到并且保留多少收入。退货后，客户会收到退款，企业会对货损或者货失给出补贴，或者给客户一些折扣，剩下的就是净销售收入。

　　在确认销售收入、奖励和折扣时，企业有不同的方法。比如塔吉特公司是这样说明其确认销售收入的方法的。

　　　销售包括商品销售、预期退货净值以及礼品卡开卡量。收入被认为是预期收益净值，这是我们使用历史退货模式作为销售的一个百分比所进行的预估。来自礼品卡销售的收入只有在礼品卡兑现后才会得到确认。我们的礼品卡没有失效期。根据历史兑现率，仅有很小比例的礼品卡从未被兑现，但这个比例非常稳定，这被称为"开卡量"。预计开卡收入会随着时间按照礼品卡兑现的实际比例被确认，而且这在任何报告期内都不是最重要的。

百事公司是这样解释它们是如何认定销售奖励和折扣的。

　　　我们通过各种项目向顾客和消费者提供销售奖励和折扣。市场总支出包括销售奖励、折扣、广告以及其他市场活动费用。销售奖励和折扣基本可以说明收入减少的原因，2012年和2013年合计为347亿美元，2011年为 346 亿美元。销售奖励和折扣包括为客户开展的促销活动所进行的付款，比如店内展示款项、新产品分销款项、货架货位款项以及促销折扣等，也包括通过广告赞助和其他营销活动为我们的独立灌装商提供的支持。

赊销净额

尽管企业通常不会报告赊销，但是了解赊销的重要性却非常重要。赊销是应收账款和未收到货款的基础。企业出售其产品和服务当然期望获得收入，但现实却是有可能收不到付款。

赊销净额是赊销收入减去销售退货和销售补贴之后的收入。如果企业所发货物的质量低劣或者不符合客户要求，通常有两个选择来立即挽救局势：第一，允许客户退回产品，这样，此次销售的所有收入也就没了；第二，为客户在价格方面提供一个减让，可以以此挽回此次销售的一部分收入。

案例　赊销净额

+ 赊销金额

− 赊销退货

− 赊销补贴

− 赊销折扣

= 赊销净额

外汇

收益

由于企业会在全球范围内开展业务，外汇汇率会对报告收益产生正负两方面的影响。收益的浮动可能是企业本币走强或者走软的结果，而且并不全是定价权力或者销量增加的原因。由于美元对外币走软，企业将会看到更高的收入。但是另一方面，美元走强意味着收入的减少。下面我们解释一下收益浮动的一些原因。

如果一家美国公司向另一个国家的买方销售某种货物或者服务，并同意接受美元以外的货币，那么在其收到款项之前，外币的价格有可能会发生浮动。如果货物或者服务在以某个价格售出和客户支付款项时，外币发生了贬值（美元相对升值），这笔款项实际兑换的美元就会相对减少。在这种情况下，该公司会赔钱。

在下面的案例中，一家公司就一笔 100 000 欧元的款项与买方达成协议，当时的汇率为 1.30，该笔款项时值 130 000 美元。随后欧元升值，汇率变为 1.35。这种情况下，如果要求买方支付 100 000 欧元，兑换成美元就成了 135 000 美元。相反，如果欧元贬值，汇率变为 1.25，那么该公司就会收到 125 000 美元，而非签订采购协议时所期望的 130 000 美元（如表 2-7 所示）。

表 2-7　　　　　　　　　　　　　　　　　外汇

币种	汇率	金额	赢（亏）
购入时 100 000 欧元 = 130 000 美元			
欧元	1.30	100 000 欧元	
美元	1.00		
欧元升水 （升值）= 135 000 美元			
欧元	1.35	100 000 欧元	
美元	1.00		5000 美元
欧元贴水 （贬值）= 125 000 美元			
欧元	1.25	100 000 欧元	
美元	1.00		（5000 美元）

当然，汇率的不确定性具有两面性。例如，如果一家美国公司以供应商所在国的货币向供应商进行支付，而货币之后对美元贬值，那么该公司就可以为其采购少支付一些美元，因为对供应商的债务可以用较少的美元履行。相反，如果供应商所在国的货币对美元升值，该公司最后就要为采购支付更多的美元，因为需要更多的美元才能履行对供应商的债务。总之，不断变化的汇率会影响企业的收入报告。

库存采购

上文对采购及其对库存和销货成本的影响进行了说明。全球采购带来了外汇风险,这种风险发生在不以本币采购货物和服务的时候。库存和销货成本的金额应当根据汇率进行调整。例如,6 月 1 日,一家美国公司从一家德国供应商处购买了价值 100 000 欧元的原材料,双方约定的付款日期为 7 月 1 日。6 月 1 日,欧元对美元的汇率为 1.30,换句话说,也就是 1 美元约为 0.7692 欧元。7 月 1 日是付款日,汇率发生了变化。当日,该公司要以 1 欧元兑 1.35 美元,而非 1 欧元兑 1.30 美元的价格购买 100 000 欧元,折算后,1 美元约为 0.7407 欧元。要计算 1 美元折合多少欧元,用 1 / 当前汇率即可算出。

6 月 1 日,该公司需要支付（100 000 / 0.7692）欧元,即 130 005 美元。然而由于汇率发生变化,7 月 1 日,该公司需要支付（100 000 / 0.7407）欧元,即 135 007 美元。当然,该公司也可在 7 月 1 日之前付款,这样就可以节省约 5000 美元,但它并不清楚汇率会如何变动或者变动多少。汇率的变动既可以让企业获益,也可以对其支付造成负面影响。如果欧元对美元的汇率变成了 1.25,那么该公司仅需支付（100 000 / 0.80）欧元,即 125 000 美元。幸运的是,有一些缓解外汇汇率风险的技术,比如套期保值合约、以本币进行买卖、从国外买入和卖出而不须转换成本币、在货币稳定的市场进行交易等。由于汇率浮动,购置外国库存会存在风险,然而这些缓解风险的技术可以使企业在全球范围内经营业务时承担相对较小的风险。

股东

对于那些精通商业术语的人来说,记清楚各种股东科目和术语仍然是一件烦心事。下面,我们要通过仔细研究一些较为常见的术语和表达方式来减少这种烦心。当投资者向一家公司出资（资金）时,他们就成了这家公司的所有者。通常情况下,这些所有者通过拿到公司普通股或者优先股的所有权获得股票（股权）。普通股对公司事务享有投票权,并且享有通过股息派发分享公司利润的权利。普通股股东可以在董事会选举以及年会需要股东投票的其他事项上投票。

优先股持有者通常不享有投票权，但是当公司关门歇业时，他们有获得股息和资产的优先权。

资本公积是用以展示企业收到的（由所有者投资的）超出其普通股或者优先股票面价值的现金金额的科目。票面价值是指定给每一份普通股或者优先股任意的美元金额，用来计算普通股或者优先股自身的价格。最后，资产负债表上列明了库存股，它代表了企业回购的退出流通的股票的金额。企业会出于各种原因进行股票回购，其中包括：

● 为高管和经理补发奖金和薪酬；

● 员工持股计划；

● 减少已发行股票数量，增加每股收益；

● 向市场发出管理层认为其股票价值被低估的信号。

股息是企业为其股东分配的一部分企业收益。股息会首先向优先股股东支付（优先股股息），然后再向普通股东支付。管理层会通过声明（如优先股股息公告等）与优先股股东进行沟通。

股份还有其他几种分类方法。已发行股票或者已发行普通股表明了所有投资者（包括职员、员工以及公众）持有的股份数量，但不包括企业回购的股份。未稀释和已稀释股份是对股份所做的进一步分类。未稀释股份不包括股票期权，而完全稀释股份则是指包括股票期权在内的所有渠道的股份得到转换和行使之后的股份总数。确认已稀释股份有助于人们更准确地了解一家在所有期权都得到行使后的企业的财务状况。

第3章 利用财务报表进行比率分析

Financial Intelligence for Supply Chain Managers

　　了解比率分析是理解财务和运营比率的基础。一个组织的成功以及需要管理层关注的事务可以通过绩效比率分析加以强调。比率可以用来评估一个组织、一个行业以及管理层的绩效。

　　第2章详细解读了财务报表，为了解比率分析奠定了基础。本章将介绍企业高管和分析人员经常使用的一些财务绩效比率。另外，本章还将介绍如何计算这些比率、这些比率能够为决策提供哪些信息、如何考虑对全面了解比率起关键作用的多种因素。在接下来的章节中，我们还将研究运营和供应链比率将会如何影响财务比率。毕竟，运营比率是用来保障财务绩效能够满足债权人、股东和高管的期望的。最终，这些比率提供的是企业的财务健康状况以及持续经营能力等方面的信息。

　　在对财务比率进行详细介绍之前，我们首先概括介绍一下比率分析。我们应当如何定义比率呢？比率描述的是两个数字之间的关系或者对比；是两个数字如何相互比较的一种陈述；是将一个数字的大小与另一个数字的大小进行比较；是两个量之间的定量关系，表示一个值包含在另一个值中的次数。

　　一旦了解比率表示的是一家企业的绩效如何，那么我们就要决定绩效比率的值以及需要使用哪种绩效比率。由于要收集和分析大量的数据，考虑太多的措施会给企业造成负担，而且过量的数据会导致相关人员无法作出决策。但是，关注的比率过少又无法全面理解企业的绩效。很难描述出我们理想的比率有哪些，不过一般来说，企业应当按需使用。能够准确描述企业绩效的比率的数量就是合适的数量。

请思考以下情景。你作为所在企业的库存经理，总经理要求你改善库存效益。由于你非常熟悉库存比率和绩效衡量指标，你没有提出任何额外的问题。你已经确定并选择了以下库存比率和绩效衡量指标进行考察：

- 平均库存；
- 循环时间；
- 订单准确率；
- 订单完成时间；
- 库存成本削减百分比；
- 完美订单。

在这些绩效衡量指标中，每一个指标都与库存有着这样或者那样的关系，并且能够提供很好的信息。然而，对于这种情况来说，这些指标都是必需的吗？毕竟，我们需要花费时间和精力去收集、分析和解读数据。如果使用以上所有指标，同时改善这些指标的可能性有多大呢？如果同时对每一个指标都作出评估，我们很可能会产生挫败感，因为我们不太可能同时改善每一个指标。这种情况表明，我们首先需要明确什么对企业而言最重要，是响应时间、成本、订单准确率，还是其他目标？认清目标可以使企业明确选择哪些指标更合适。

一旦目标确定了，企业就可以选出最有用的绩效衡量指标。供应链战略框架（如图 3-1 所示）是一个非常有用的概念模型，它能够帮助企业挑选并使用最适合自己的绩效指标。该框架为开发供应链提供了一套合理的流程。一旦供应链开发完成，企业就可以运用这些绩效指标来反映基于前文所述目的所运行的供应链的情况。

图 3-1　供应链战略框架[1]

---

[1]　Supply Chain Council. 22012 SCW SEA M4SC Program Overview, 5, September 29, 2011.

　　该框架从确定企业的经营战略开始。一旦确定了战略，企业就可以开始设计供应链战略，进而开始设计供应链网络。接下来，该模型会执行维持供应链网络所需的流程。最后，该流程会决定一些资源，这些资源需要被合理分配，来执行其他阶段的开发流程。

　　要想获得成功，该模型要求企业在进入下一个阶段之前，要对当前每一个阶段进行深思熟虑。在每一个阶段完成后，它们要共同完成企业的经营战略。通过使用精挑细选的绩效指标和比率，整个体系都会提供反馈意见。这些绩效指标可以反映出每一个阶段的执行效果。

　　我们回到前文的案例。如果确定了经营战略是通过高水平的客户服务来开展竞争，那么供应链就要基于此来打造。而且，改善库存管理应当以提高客户服务水平为核心。例如，交付速度和完美订单相较于单纯关注降低平均库存更重要。如果库存经理采用的是关注通过降低平均库存和安全库存来降低成本的指标，那么交付速度和完美订单就不大可能会有所改善。使用与经营战略不符的指标会形成一种氛围，在这种氛围下，供应链经理无法通过实施改革来改善绩效。

对标

　　编制财务报表需要企业投入大量的时间、精力和资源。因此，报表的内容准确、信息量大就至关重要。高管、经理人员、投资者、贷款方以及其他相关人员会使用企业的财务报表进行分析，并使用财务和运营比率进行尽职调查，然后对结果进行对标。对标是将一家企业（1）与其竞争对手进行对比，或者（2）与其自身的历史绩效进行对比。

　　一般情况下，分析和尽职调查可以确定一个组织或者经营单位过去的表现。虽然历史绩效并不能表明未来的绩效，但它确实能够提供一些有意义的信息和指引。历史数据可以提供一些信息，这些信息有助于企业作出将其注意力和资源投向何处以改善经营的决策。更重要的是，数据能够提供有关组织发展轨迹的信息。如果管理层和企业一直表现平平，那么我们为什么要期待他们有所改善呢？如果想要更准确地了解管理层和组织的绩效，那么，随着时间的推移而不断观察绩效情况就颇为重要。一个数据点不足以提供准确的组织绩效。趋势信息对决策制定具有一定的指导作用，可以减少组织对积极或者负面报告过度反应的机会。

仅仅关注企业自身的绩效还不够，我们还需要关注行业的整体情况。我们可以通过将企业的绩效与其竞争对手、行业平均水平以及行业领先者进行比较，来观察一家企业的绩效。如果企业不与竞争对手以及行业平均水平作对比，就永远不会知道自己是绩效平平还是连这种水平都达不到。对股东而言，绩效水平一般的企业只会有一般或者更差的收益。比较两家企业的绩效情况至少有以下三个作用。

1. 揭示需要改善之处。落后于竞争对手的企业能够认识到改善的必要性。

2. 反映公众的认知。他人是如何看待企业的？是令人敬畏的竞争对手？是微不足道？还是被收购的目标？

3. 反映企业在本行业的排位。了解了自己的表现与其他企业相比有多好或者多差，也就知道必须采取哪些行动来保持竞争力。

利用比率和其他绩效指标可以进行对标。不了解比率和比率分析，对标也是徒劳无功的。

比率分析

综合比率分析不仅要求分析人员具备比率计算方面的知识，而且还要求他们了解这些比率的含义以及这些数字会受到哪些因素的影响。计算比率仅仅是比率分析的开始。这些数字为了解企业的现状以及比率揭示的企业信息提供了一个起点。针对数据进行更进一步的核查可以更充分地说明企业在某个具体领域中的表现。对比率进行的回顾和总结也可以让企业更好地理解除了影响行业现状以外，企业的行动会对这些数字有何影响。

比率包含分子和分母两个部分，这对任何人来说都不足为奇。但是很多人并没有意识到，这两部分中任意一个部分的变化都会对比率产生影响。原因有三点：第一，在分析一项比率时，只有两个部分都被充分考虑到，人们才能作出合适的决策；第二，在基于比率进行决策时，了解构成比率的各个部分至关重要；第三，在基于比率进行决策时，了解哪些可能已经发生变化的因素导致比率发生了变化，这一点非常重要。

基于比率，企业对财务或者运营进行改善可以通过三种方式实现：

1. 改善分子；
2. 改善分母；
3. 同时改善分子和分母。

为了强调了解比率各个构成部分的重要性，我们以与工作场所安全相关的一个简单的运营比率为例来进行说明。这个比率就是工伤率，或者企业有记录的每月有多少人受伤。去年，企业报告十月份发生工伤事件 100 起；今年，企业报告十月份发生工伤事件 125 起。单看数字而不考虑其他因素可能无法反映准确的情况。在对工伤率作出判断之前多问一些问题很重要。比如，企业改变了记录工伤的方法吗？是不是消除了妨碍报告工伤的因素？员工工作时间有所增加或者减少吗？如果工作时间有所增加，疲劳会不会是其中一个因素呢？这些问题的答案会对未来工作场所的安全决策起到一定的指导作用，并且会影响安全政策以及资源的分配。就像这个案例所揭示的那样，要彻底了解比率会随时间发生改变的原因需要考虑多种因素。

进行比率分析的注意事项

在详细介绍比率计算之前，有几点注意事项需要格外引起分析人员的注意。

第一，进行比较的各家企业应当来自同一个行业。即使如此，也要当心。正如表 3-1 所示，各个行业都呈现出某些与其毛利、拥有的资产水平以及资产使用效率相关的特点。由于这些不同，将来自不同行业的企业进行比较既不可行，也没有意义。例如，服务型企业和生产型企业有很大不同，同样，将公用事业企业与零售企业以及航空公司比较也是没有意义的。各个行业在其运行以及竞争方式等方面有很大的不同，它们的债务与股权配比、成本结构、库存水平以及定价权也有很大的不同。

表 3-1 各行业通用的绩效指标

	航空	油气勘探	个护产品制造	餐饮	零售	半导体与电子元件制造	运输服务业
毛利	52.70%	68.90%	35.10%	66.70%	23.80%	39.60%	56.90%
净收益占各项收入的百分比	0.70%	3.90%	3.20%	1.30%	0.70%	2.50%	1.40%
应收账款占总资产的百分比	12.60%	9.60%	18.90%	5.10%	14.00%	25.10%	15.00%
库存占总资产的百分比	1.60%	1.20%	22.40%	2.40%	36.70%	15.80%	1.40%
不动产、厂房和设备占总资产的百分比	53.30%	13.10%	15.40%	52.50%	19.10%	11.70%	48.70%
财务比率							
速动比率	1.18	1.13	0.9	1.03	0.8	1.34	1.44
流动比率	1.68	1.46	1.93	1.52	2.06	2.04	1.84
流动负债/资产净值	39.00%	44.90%	63.60%	30.70%	71.80%	65.60%	41.70%
应收账款天数	36	93	73	10	17	67	43
库存周转	×37.58	×9.69	×2.75	×27.33	×6.31	×5.23	×38.18
总资产/销售	80.30%	263.40%	109.60%	50.80%	33.20%	73.00%	78.50%
流动资本/销售	9.60%	26.20%	29.10%	3.90%	11.40%	24.40%	12.10%
应付账款/销售	7.40%	22.10%	10.60%	2.50%	4.60%	10.40%	4.40%
税前收益/销售	1.10%	6.30%	5.20%	2.20%	1.10%	4.10%	2.20%
税前资产回报率	1.30%	2.40%	4.70%	4.30%	3.40%	5.60%	2.90%
税前收益净值	3.00%	4.90%	10.50%	8.90%	7.50%	11.50%	6.50%
利息偿付率	×1.27	×1.60	×128.26	×2.39	×2.81	×5.16	×1.89
息税折旧摊销前利润/销售	4.90%	16.80%	8.70%	7.40%	2.50%	7.70%	11.40%
资本支出/销售	3.10%	11.50%	5.90%	5.40%	1.30%	3.10%	7.80%
企业数量	3012	10 637	550	213 740	493 148	2896	159 794

注：截至 2014 年 3 月的数据。× 为倍数。

第二，当企业将自己与竞争对手进行比较时要十分小心，需要考虑一系列的可变因素。将塔吉特公司与诺德斯特龙（Nordstrom）比较有意义吗？它们虽然都是零售商，但是其顾客群并不相同，而且采用的战略也不同。所以，将它们进行比较既很困难，也不切实际。甚至比较高毛利和低毛利零售商也是不值得的，因为诸如库存周转率等比率会截然不同。虽然存在差异，但是每家零售商都似乎对自己的比率感到满意。

第三，在编制财务报表时，会计人员拥有很高的自由裁量权，并且可以作出一些假设。因此，直接比较两家来自同一行业的企业是很困难的。即使知道了假设，比较一些大企业也十分不易。前文中采用折旧细则以及如何决定库存成本的例子就说明了会计维度是如何影响比率对比的。仅仅因为选择了不同的折旧和库存核算方法，相同的两家企业就有着不同的财务绩效比率。

第四个注意事项与如何计算比率有关。一些计算仅仅使用资产负债表或者损益表，而另一些计算则要求一起使用资产负债表和损益表两张表。如果计算某项比率时要用到资产负债表和损益表两张表，计算人员就需要特别留意报告时段，这点很重要。资产负债表报告的是一个时点，而损益表报告的则是一个时间段，这一点值得反复强调。资产负债表上的项目截取的仅仅是一个时点，报告季度或者年份稍早时候所发生的一切均被忽略了。有鉴于此，资产负债表中资产和负债项目的平均值能够为人们提供更明确的信息。使用平均平滑的季节性数字或者财务方案也许无法代表整年。计算平均值时，我们可以使用以下公式来计算平均总资产。表 3-2 展示了百事公司 2012 年和 2013 年的期末总资产。这两个值可以用来计算平均总资产。

$$平均总资产 = （期初总资产 + 期末总资产）/ 2$$

$$即\quad 76\ 058 = （74\ 638 + 77\ 478）/ 2$$

表 3-2   百事公司的资产负债表 [1]

资产负债表		
		单位：百万美元（特别说明的除外）
	2013 年 11 月 28 日	2012 年 11 月 29 日
资产		
现金与现金等价物	9375	6297

---

[1] 数据源自 SEC.gov。

续前表

	资产负债表	
	单位：百万美元（特别说明的除外）	
	2013 年 11 月 28 日	2012 年 11 月 29 日
短期投资	303	322
应收账款与应收票据，净值	6954	7041
库存	3409*	3581*
预付费用与其他流动资产	2162	1479
流动资产合计	22 203	18 720
不动产、厂房与设备，净值	18 575	19 136
可摊销无形资产，净值	1638	1781
商誉	16 613	16 971
其他非摊销类无形资产	14 401	14 744
非摊销类无形资产	31 014	31 715
在非控制子公司的投资	1841	1633
其他资产	2207	1653
资产合计	77 478	74 638
负债与股权		
短期债务	5306	4815
应付账款与其他流动负债	12 533	11 903
应付所得税	—	371
流动负债合计	17 839	17 089
长期负债	24 333	23 544
其他负债	4931	6543
递延所得税	5986	5063
负债合计	53 089	52 239
承付款项与或有负债		
优先股份，无面值	41	41
回购优先股	−171	−164
百事公司的普通股股权		
普通股，每股面值 1 2 / 3 美分（额定 3600 股，已发行，以面值回购普通股净值：分别为 1529 股和 1544 股）	25	26
股本溢价	4095	4178
留存收益	46 420	43 158

续前表

	资产负债表	
	单位：百万美元（特别说明的除外）	
	2013 年 11 月 28 日	2012 年 11 月 29 日
累计其他综合损失	−5127	−5487
回购普通股 （337 和 322 股）	−21 004	−19 458
归属母公司的股东权益	24 409	22 417
非控制性权益	110	105
权益总额	24 389	22 399
负债和权益合计	77 478	74 638
优先股，已发行股	803 953	803 953
优先股，已派股息	−1	−1
百事公司普通股权益		
回购股	−171	−164
普通股，已发股份	1529	1544
百事公司普通股权益		
回购股	−21 004	−19 458

注：* 在 2013 年和 2012 年两年中，大约 3% 的库存成本是以后进先出法计算得出的。以后进先出法或者先进先出法对这部分库存进行计算的差别并不重要。

在本章中，出于简化的考虑，资产负债表各科目没有进行平均，但是在实际操作中应当进行平均。

第五，需要明确的一点是，一项比率也许会有不止一个名称，但这些名称表达的意思却是相同的。我们经常听到的收益、收入和利润，它们是同义词，重要的是要明白它们指的是什么。更糟糕的是，当提到"利润"时，是指毛利、营业利润？还是净利润？总之，精准的比率分析需要清晰，这样才能进行比较。在进行比率分析时，我们应当认真对待这部分内容中所提到的项目，因为这些项目会造成混乱。

财务比率

虽然本章内容比较偏重技术性，但是这些内容却为运营和供应链管理者更全面地理解其职能对企业财务工作的影响奠定了基础。下面我们讨论的财务比率是高管和投资界所感兴趣的。长久以来，这些常见的比率一直为财务专家所用，并且提供了一些内涵丰富、实用且容易理解的信息。另外，计算这些比率也相当简单。

一般来说，根据财务报表计算的财务比率有以下五种：

1. 流动性；

2. 盈利性；

3. 价值评估；

4. 资产管理；

5. 负债管理。

百事公司的资产负债表（如表 3-2 所示）和损益表（如表 3-3 所示）可以用来解释财务比率的计算方法。

表 3-3 百事公司损益表 ①

损益表		
12 个月期末		
单位：百万美元（除每股数据和特别说明外）		
	2013 年 12 月 28 日	2012 年 12 月 28 日
净收益	66 415	65 492
销售成本	31 243	31 291
销售及一般管理费用	25 357	24 970
无形资产摊销	110	119
营业利润 （息税前利润）	9705	9112
利息费用	−911	−899
利息收入及其他	97	91
所得税税前收入	8891	8304
所得税备付	2104	2090
净收益	6787	6214
减：归属非控制性权益的净收益	47	36
归属百事公司的净收益	6740	6178

① 数据源自 SEC.gov。

续前表

	损益表 12 个月期末 单位：百万美元（除每股数据和特别说明外）	
可供普通股股东的净收益	6732	6171
归属百事公司的每普通股净收益		
基本	4.37 美元	3.96 美元
摊薄后	4.32 美元	3.92 美元
已发行普通股加权平均		
基本	1541	1557
摊薄后	1560	1575
普通股每股现金股利息	2.24 美元	2.13 美元

备注：
（1）已派优先股股息：2012 和 2013 年为 100 万美元；
　　　偿债溢付：2012 年为 600 万美元，2013 年为 700 万美元。
（2）折旧：2013 年为净 2472 美元。

流动性比率

流动性比率可以用来鉴别一家企业能否履行其短期债务。例如，企业能否支付下一年的账单？企业能否为供应商付款？企业能否支付员工薪酬？由于这与支付近期的债务相关，所以计算所需的数字来源于资产负债表上所列出的流动资产和负债。流动资产是那些在获得后的一年之内就要用掉的资产，它们是所有资产中最具流动性的。它们最有可能被用于支付账单，而且包括现金、应收账款和库存。而流动负债就是需要在下一年支付的负债，一般包括应付账款、短期应付票据、应付所得税以及应计费用。例如，使用百事公司资产负债表上的这些数值就可以计算出流动比率。

流动比率

$$流动比率 = 流动资产 / 流动负债$$

即 22 203 / 17 839 = 1.24

这个比率说明百事公司的流动资产是其流动负债的 1.24 倍。对每 1 美元的流动负债而言，百事公司都有 1.24 倍的流动资产，也就是说，即使债务今天到期，百事公司也有能力支付。这个特殊的流动比率没有详细说明的是流动资产的配比。仅使用流动比率，企业很难了解其流动资产大部分是由现金构成的，还是捆绑在库存或者应收账款中的。百事公司的案例表明，它是一家具备超额偿付其短期债务能力的公司，但并非每家公司都如此。流动比率为 1.0 意味着企业刚好能够偿付其短期债务，而比率如果低于 1.0 的话，就意味着企业无法偿付短期负债。

既然比率会发生变动，那么企业的目标比率应当是怎样的呢？这个问题的答案要视情况而定。较高的流动比率比较低的好，不过，比率过高的话也不理想。总的来说，行业不同，流动比率也会不同，但是比率为 1.5 ～ 2.0 会比较合适。为了更好地理解流动比率，我们应当考虑一下企业所属的行业和历史数据。例如，假设百事公司的流动比率为 1.24，它高于行业平均水平，也高于历史流动比率。有了这样的信息作参考，很明显，我们可以认为 1.24 对于百事公司而言是一个不错的流动比率。

我们需要对过高的流动比率进行仔细的核查。如果百事公司的流动比率为 4.24 会怎样呢？如此高的流动比率可能意味着公司有超量的现金，我们就有必要查看一下资产负债表。另外，还需要调查一下百事公司是不是在对研发进行再投资，或者对产品、服务和流程创新进行再投资，所以才会有如此高的流动比率。微软公司和苹果公司就是典型的案例。这两家公司一直因为持有现金而受到舆论批评，从而导致股东失望。如果现金没有再投资于公司的运营，那么股东会希望将现金归还给他们。同样，如果过量现金躺在银行中，这就会被认为是资本利用率不高。其他导致流动比率较高的情况也许与过多的库存或者高企的应收账款有关。如果不进行更深入的调查，无论哪种情况都不会被视为理想的情况。

过低的流动比率也不理想，它暗示着资产使用率较低或者存在其他的经营问题。低于 1.0 的流动比率会引起企业的担忧，因为它表明如果今天债务到期的话，企业可能无力偿付。无法以流动资产偿付债务的企业也许正通过银行贷款或者延迟支付应付账款来快速地增加其流动负债。然而，流动负债低于 1.0 并不意味着企业要倒闭或者破产。企业可以通过获得短期融资来偿付债务，以此来赢得时间，但这并不是一个长久之计。另外，如果流动比率低于行业平均水平，企业就应当进行认真核查。

对于什么是正常的或者可接受的流动比率，各行业都有不同的标准。一般情况下，一些行业的流动比率会低于 1.0。例如，布林克尔国际公司（Brinker International）是红辣椒烤肉餐厅（Chili's Grill & Bar）和马基亚诺小意大利（Maggiano's Little Italy）这两个品牌的经营方，该公司在 2013 年 12 月 25 日结束的那个季度的流动比率为 0.58。通常情况下，餐馆的流动比率较低，却仍具备偿付能力。

速动比率

$$速动比率 = （流动资产 - 库存）/ 流动负债$$

$$= （22\ 203 - 3409）/ 17\ 839$$

$$= 1.05$$

速动比率有时被称为酸性测试比率（Acid-Test Ratio）。除了在计算时要减去库存以外，它与流动比率很相似。如果不考虑库存，速动比率比流动比率更保守。库存的流动性在流动资产中是最弱的，比有价证券或者应收账款更难变现。研究速动比率时需要考虑的一个因素是，企业的流动资产中是否包含了预付费用。一些企业可能没有将预付费用作为流动资产放在分子中。预付费用是流动资产，某些账单已经用现金进行支付了，但对应的服务尚未使用。提前支付一年的保险费就是一个预付费用的例子。

了解一家企业是否能够不依赖出售库存即可偿付负债对于理解流动性很重要。如果市场下跌或者客户不购买商品，库存可能在一段时间内不会发生变化。闲置库存既无法变现，也无法支付账单，这会给企业带来财务上的麻烦。

流动比率有助于确定企业是否能够偿付其短期债务。但是，要确定企业实际是否具备偿债能力，还需要作更多的分析。仅仅使用流动比率可能会导致不准确的结论。流动比率低于 1.0 的企业可能具备偿债能力（比如布林克尔国际公司）。

现金流量分析（包括现金量，特别是现金流的时机）也都是需要重点考虑的因素。

经营现金流量比率

$$经营现金流量比率 = 经营现金流量 / 流动负债$$

$$= 9688 / 17\,839$$

$$= 0.54$$

经营现金流量比率也被称为经营现金流与流动负债比率。它从现金流的角度为确定企业的偿付能力提供了相关信息。由于债务要用现金支付，从企业运营的角度来观察其现金流状况就非常有用。这个比率显示出企业是否产生了足够的现金来偿付流动负债。经营现金流量可以从现金流量表中获得（如表3-4所示），它显示的是业务产生的现金在一段时间内（而不像资产负债表中的流动资产那样在一个时点）是如何在企业中流动的。如果这个值比较高（最好大于1.0），就说明企业经营能够产生足够的现金来偿付流动负债。如果这个值低于1.0，就意味着该企业有较高的风险无法支付其流动负债。在这种情况下，企业可能需要出售资产、借款、发行股票或者减缓支出速度来偿付短期债务。

表 3-4   百事公司现金流量表简表（经营活动）

现金流量表简表
2012 年 12 月 28 日 —2013 年 12 月 28 日

单位：百万美元（特别说明的除外）

经营活动	
净收益	6787
折旧和摊销	2663
股票补偿费用	303
并购整合成本	10
并购整合的现金支出	−25
重构与减值费用	163
重构费用的现金支出	−133
与顶益交易相关的重构与其他费用	
与顶益交易相关的重构与其他费用的现金支出	−26
与委内瑞拉货币贬值相关的非现金外汇损失	111

续前表

现金流量表简表

2012 年 12 月 28 日 —2013 年 12 月 28 日

（单位：百万美元，特别标明者除外）

基于股份支付安排的超额税收优惠	–117
退休人员的养老金和医疗计划的定期缴款	–262
退休人员的养老金和医疗计划的费用	663
递延所得税和其他税收抵免	–1058
应收账款与应收票据的变动	–88
库存变动	4
预付费用与其他流动资产变动	–51
应付账款于其他流动负债变动	1007
应缴所得税变动	86
其他，净值	–349
经营活动提供的现金净值	9688

经营现金流量比率太低会产生问题，不过仔细研究比率是有必要的。例如，百事公司的经营现金流量比率为 0.54，这个比率是比较低的。在急于作出判断之前，企业应当意识到，必须将这个比率放到具体环境中去看。企业有可能会发现，很多可能导致经营现金流量比率低的原因是可以接受的。

1. 某些行业（比如资本密集型行业）的历史经营现金流量比率就比较低。

2. 企业可能正在进行一些项目或者基础设施建设，以增加未来的现金流量。

3. 像其他比率一样，最好要看比率的趋势。

4. 企业可能将递延收入作为流动负债。在这种情况下，企业必须执行某项服务以及交付某项货物，而不是偿付债务。

就像后面章节要讲的一样，在确定企业估值、资本预算以及项目选择的过程中，现金流量发挥着重要的作用。

盈利比率

很多人会交替使用"利润""收益"和"收入"这些术语。当"毛""经营"

以及"净"等词汇与"利润"一起使用时,人们会更加困惑。大量的术语让人觉得很有挑战性。当谈及财务时,人们经常使用的术语有净利润、净收益、净收入、营业利润、营业收入、营业利润率、总利润、总收入以及毛利润。要牢记的是,利润、收益和收入的意思相同。还有其他三个要记住的术语是总利润、营业利润、净收益,它们都是损益表的一部分。总利润一般出现在损益表的顶部,营业利润出现在损益表稍微靠下的地方,而净利润则出现在损益表底部。

从损益表的顶部开始向下,总利润在损益表中指向销货成本减去收入。总利润是一个非常重要的数字,因为如果企业无法从一条产品线中挣到足够的钱来弥补其直接成本,业务可能就无法开展下去。需要注意的是,百事公司会使用销售成本(COS)来代替销货成本(如表3-3所示)。这也只是一种偏好而已。

收益 – 销货成本 = 总利润

营业利润往往指的是息税前利润。它是收益减去销货成本(作为总利润计算出的数字)和营业费用(销售及一般管理费用)却未扣除利息和税收之前的利润。

总利润 – 营业费用(销售及一般管理费用)= 营业利润(息税前利润)

损益表的最下方是净利润。从收入中减去所有的成本、费用、利息和税之后,剩下的就是净利润。一般情况下,"利润率"指的是"净利润率"。在计算比率时,一般使用的是净收入(净利润、净收益)。

营业利润(息税前利润)– 利息 – 所得税 = 净利润

盈利比率用来衡量销售回报和股东融资回报的管理效果。损益表中的信息用来计算这些比率,而且一般用百分比来表示。

利润率

销售利润率也被称为销售回报率或者销售净利率,它是一个非常重要的基础概念。在下面的公式中,要记住净收益(分子)也被称为利润或者净收入。销售收入是分母,也可以用收入或者销售代替。

$$销售利润率 = 普通股股东可获得的净收益 / 销售收入$$

$$= 6732 / 66\,415 = 10.1\%$$

$$普通股股东可获得的净收益 = 净收益 - 优先股息要求$$

一旦向优先股股东支付了股息，那么剩下的就是普通股股东可获得的净收益。要确定普通股股东可获得的净收益，我们必须首先要求减去优先股股东可获得的任何收入。

向优先股股东支付股息的案例可参见表 3-3 的备注（1）（2013 年期末，百事公司向优先股股东支付的股息以及赎回溢价合计为 800 万美元）。6740 美元 –8 美元 = 6732 美元。因此，普通股股东可获得的净收益为 6732 美元。

销售利润率表示的是企业每 1 美元销售所获得的利润（净收益），换句话说，就是在完成向其他人支付之后每 1 美元中会留下多少。在支付完所有的成本（销货成本）和营业费用（销售及一般管理费用），包括利息费用、税款、折旧以及摊销之后，所剩金额与销售金额的比即为收入。10.1% 的利润率意味着百事公司每赚 1 美元，自己就可以留下 10 美分。

供应链和物流管理者在很多方面会对利润率产生影响：第一，库存采购会影响销货成本以及与生产货物和服务直接相关的制造技术，而销售及一般管理费用会受到日常业务经营流程的效率和效益的影响，但其并不与产品和服务的制造直接相关；第二，利息费用会受到企业债务的影响，企业的债务融资越多，其利息支付的金额也就越高；第三，节税型供应链能够提高利润，而没有进行税收优化的供应链会发现，自己很大一部分收益将支付给税务部门；第四，折旧和摊销费用会压低利润，但是也可以减轻企业的税收负担，这往往需要会计人员作出判断。

营业利润率

$$营业利润率 = 营业利润（息税前利润） / 销售收入$$

$$= 9705 / 66\,415 = 14.6\%$$

运营经理几乎不会对企业的税收和利息费用产生影响。因此，要衡量运营经理的绩效以及了解企业的经营状况，营业利润（息税前利润）是一项更准确的比率指标。营业利润率关注的是定价的有效性和收益管理。在管理间接费用（销售及一般管理费用）的同时，它也用来衡量企业在生产和交付产品时是如何管理成本和费用的。这个比率的向下趋势会显示出成本和费用要比销售上升得快，向上趋势则意味着销售要比成本和费用增长得快。例如上文案例的计算，14.6% 的比率表明在支付利息和税收之前，百事公司每赚到 1 美元就可以留下 14.6 美分。

毛利率

$$毛利率 = （销售收入 - 销货成本）/ 销售收入$$

$$= 总利润 / 销售收入$$

$$= （66\,415 - 31\,243）/ 66\,415 = 52.96\%$$

毛利率也被称为边际毛利润率，它表示在扣除直接成本（销货成本）后的销售收入。毛利率也必须用于支付其他费用、利息和税收。上文的计算显示出百事公司剩下的约 53 美分可以用于支付其他费用以及盈利。这个比率还表示每 1 美元中有约 47 美分是显示为销货成本的直接费用。

毛利率的趋势显示着定价权和销货成本的走向。在百事公司的案例中，通过改善销售收入和销货成本，毛利率正朝向更好的方向前进，即由前一年的 52.22% 上升至最近一年的 52.96%。

基本盈利能力比率

$$基本盈利能力 = 息税前利润 / 总资产$$

$$= 9705 / 77\,478 = 12.5\%$$

企业使用基本盈利能力比率有两个原因：第一，可以用该比率来衡量企业资产的收益能力，换句话说，它回答了这样一个问题，即企业在运营中用每 1 美元挣到了多少美元；第二，由于税收和债务融资对销售毛利率有直接的影响，基本盈利能力比率对区分那些有着不同税收和债务结构的企业很有帮助。比如，百事公司每 1 美元资产可以为其带来 12.5 美分的营业利润。

资产回报率

$$资产回报率 = 普通股股东可获得的净收益 / 总资产$$

$$= (6740–8) / 77\,478 = 8.7\%$$

资产回报率衡量的是企业用其每 1 美元资产所能赚取的金额。资产回报率说明了管理层使用企业资产（资产负债表）来产生利润（损益表）的效率。诸如现金、库存、设备和工厂、店铺、办公室以及车辆等资产都可以用来产生销售并赚取利润。就像上述公式所显示的那样，百事公司每 1 美元的资产为其带来了 8.6 美分的净利润。

资产有两个构成要素：一是如何购置和融资；二是如何有效运营。在衡量一位管理者利用资产产生利润的能力时，把资产是如何进行融资的这个要素排除在外是有好处的。资产回报率中赚到的美元（净收益）是息税后的金额。要消除利息和税收的影响，可以使用基本盈利能力比率。

再次重申一下，在对资产负债表上的资产进行估值时，会计人员有一定的自由，所以在对企业进行比较时，谨慎是必要的。

净资产收益率

$$净资产收益率（ROE） = 普通股股东可获得的净收益 / 股东权益$$

$$= (6740–8) / 24\,409 = 27.6\%$$

股东向企业投资，寄希望于投资能够获得回报。净资产收益率衡量的是企业对股东有何回报。同行业中类似企业的净资产收益率可能会完全不同。净资产收益率取决于负债和股权融资的组合。正因为如此，一家企业的净资产收益率高，也许只是因为它选用更多的负债和更少的股权进行融资。我们继续来看百事公司的例子，以上等式说明，股东为百事公司每投资 1 美元，公司就回馈他们约 27 美分的净利润。

我们需要关注的是百事公司的资产回报率（8.7%）与净资产收益率（27.6%）的差别。这个差别是由财务杠杆所致。

$$财务杠杆 = 权益乘数 = 总资产 / 普通股股权$$

杠杆是债务的另一种说法。如何才能更有利地利用债务呢？请记住，企业可以把债务和股权进行组合来为资产和经营提供融资。债务有助于企业为股东获得更多的回报，这种回报比仅仅使用自有资金（股权）多。以下案例说明了如何能够更有效地使用财务杠杆。假如你想拥有一套自己负担不起的房子。对于买房这件事，很少有人可以说买就买或者无需承担某种形式的债务。支付一小部分首付，比如房屋总价的10%，你就可以从银行获得贷款，并且住进原本你根本负担不起的房子。你不仅能够住进去，而且还可以从房屋的所有权中节省和赚到钱。税法允许你扣除长期利息（抵押贷款利息）来少交一些税。而且，你的房屋可能会升值，因此当你出售房产并还清剩余贷款后，你可以留下剩余的部分。你不仅少交了税，而且还额外赚了钱。所有这一切都来自借款。

从本质上说，为了在个人房产购置和企业债务之间建立联系，企业正在利用非所有者的资金增加其股东（企业所有者）回报。这是通过在增加净收益的同时不增加普通股股东权益来实现的。如果权益乘数增加，企业会用更多的债务为其资产融资。

估值比率

企业的市值反映的是投资者对企业过去的业绩以及未来前景的看法。这种看法是通过估价比率描述出来的。企业的股价可能会随着投资者的情绪而波动，因此当投资者对企业过去的业绩和未来前景感到满意时，股价一般会更高。估值比率一般包括企业的股票数量和股票价格。

为了更好地了解估值比率，了解稀释股份的概念也很重要。发行股票的企业可能会保留一部分股份。企业在报告稀释股份时，其中包括了股东已经拥有的股份，以及只要股东行权就可以拥有的股票期权。因此，由于计算中包含了额外股份，所以每股收益就被稀释了。报告稀释股份向投资界提供了一种假设方案，来帮助人们了解如果行使股票期权会发生什么。

每股收益

每股收益 =（净收益 – 已申报的优先股股息）/ 已发行的普通股股份

$$=（6740–8）/ 1541 = 4.37$$

纵观所有金融类网站，我们发现每股收益是一个被广泛使用的指标，而且极受追捧。企业高管要对每股收益的表现负责。毕竟，股东要求他们的资金要有回报。这里，我们计算出百事公司每股赚了 4.37 美元。

除了已申报的优先股股息，剩下的就是普通股股东的净收益了。由于不同企业已发行普通股的数量变化很大，所以比较企业或者行业平均的每股收益是没有意义的。最好将每股收益作为内部的一种绩效衡量指标。由于每股收益在华尔街颇受欢迎，而且高管对这项指标要负责，短期内让每股收益呈现出上涨趋势的压力就会非常大。但这样做的一个风险是，它会导致高管在进行短期决策时操纵净收益。对短期业绩的过分关注会妨碍组织的长期业绩。

市盈率

假设百事公司普通股的市场价格为 85.00 美元，那么它的市盈率为：

市盈率 = 每股价格 / 每股收益

$$= 85 / 4.37 = 19.45$$

市盈率表示的是投资者愿意为 1 美元利润所支付的价格。投资者往往更愿意为高成长企业、未来现金流量更多的企业以及风险更小的企业的 1 美元利润支付更高的价格。在这个案例中，投资者愿意为百事公司所赚的每 1 美元支付 19.45 美元。市盈率可以在竞争者之间以及与行业平均进行对比，但是要当心的是，较高的市盈率也是估值过高的一个信号。

价格 / 现金流量比率

价格 / 现金流量比率 = 每股价格 / 每股经营现金流量

首先，计算每股经营现金流量很重要。

每股现金流量 =（净收益 + 折旧 + 摊销）/ 已发行的普通股股份

=（6732 + 2472 + 110）/ 1541 = 6.04

用这个数字就可以确定价格 / 现金流量比率，即：

85 / 6.04 = 14.07

很多投资者对企业的现金流特别感兴趣，他们发现价格 / 现金流量比率比价格 / 收益比率更有用、更可靠。投资者意识到，净收益包含很多非现金费用，比如减少净收益的折旧和摊销。由于股价是根据对未来现金流的预测而波动的，这个比率衡量了股票投资的吸引力。由于投资者会基于未来的现金流量衡量企业的价值，所以我们会在后续章节集中讨论企业的价值和现金流。

以上案例表明，百事公司的投资者愿意为每股每 1 美元的现金流支付 14.07 美元。这就告诉投资者和管理层，这只股票在这个价格上具有一定的吸引力。

市价 / 账面价值比率

市价 / 账面价值比率 = 每股市价 / 每股账面价值

首先，每股账面价值需要计算。每股账面价值表示，如果所有资产均按账面价值出售且如果所有债权人也全额照付时，每股收到的金额。

每股账面价值 = 全部普通股股权 / 已发行的普通股股

= 24 409 / 1541 = 15.84

了解了这个，就可以计算市价 / 账面价值比率了，即：

= 85 / 15.84 = 5.37

市价 / 账面价值比率为投资者提供了另一种观察企业的方法。由于资产以历史成本为基础，再加上某些资产和非有形资产项目并没有出现在资产负债表中，所以资产负债表很难反映出企业的准确价值。市价 / 账面价值比率描述了账面价值与市场对企业估值之间的差距。投资者愿意为股票支付比会计账面价值更高的价格吗？企业的市值等于股本总量乘以每股的价格。从另一方面来说，账面价值是资产负债表上显示的股权的价值。

股权回报率较高的企业一般会有较高的市价 / 账面价值比率。当账面价值超过了市价，投资界的一些人士也许会将这视为一个收购的时机。在百事公司的案例中，投资者愿意以比账面价值高出 5.37 倍的价格买入该公司的股票。

股息率

$$股息率 = 每股现金股息 / 每股市价$$

$$= 2.24 / 86 = 2.64\%$$

投资者持有企业股票是因为对投资回报有兴趣。回报可以来自支付给股东的股息或者股票市值的增值。股息率是每股普通股支付的股息与每股普通股市价的比率。它可以让投资者了解他们可以从投资中获得的现金股息的回报率。股息率低的企业通常会将很大一部分净收益用于资助企业的发展和扩张。很多知名的高科技企业正是由于这个原因而不支付股息。

派息率

$$派息率 = 每股现金股息 / 每股收益$$

$$= 2.44 / 4.37 = 55.83\%$$

派息率表示企业的收益有多少被用于支付了股息。成长型投资者希望这个比率小，而看重股息的投资者则希望这个比率要大。那些身处收益稳定行业中的企业一般会有较高的派息率，并且能够长期维持这些支出，而身处收益变动较大行业中的企业则倾向于较低的派息率。

作为另一种选择，派息率可以用来显示企业留存了多少收益而不是支付了多少。其计算方法为 100% – 派息率 = 留存收益，即百事公司的留存收益为 100% – 55.83% = 44.17%。

资产管理比率

投资者、贷款人和管理层关心的是企业的资产基础。企业的资产是过多还是过少？这些资产是否被用来为股东产生适当的收益？没有理想数量的资产会对现金流量和股价产生负面影响。那些努力实现理想资产规模的企业寄希望于未来的销售。资产太少，企业会失去销售业绩；而资产太多的企业会产生不必要的成本。资产管理比率评估的是企业使用各种资源的效率。

库存周转率

$$库存周转率 = 销货成本 / 库存$$

$$= 31\,243 / 3409 = 9.16$$

企业最常用的一个比率是库存周转率。它显示了企业在一定时间里库存售罄和购买新库存来补充库存的次数，也显示了企业购买、生产以及销售其库存的效率。

一些财务报告机构和企业在分子中使用销售（数据），其他机构和企业则使用销货成本。比起销售，销货成本的一个优势是销售是以市价进行报告的，而销货成本和库存均是按照成本进行报告的。使用销售（数据）有夸大库存周转率的效果，会使库存周转率看起来比实际的好。而且，库存成本与销货成本所使用的库存核算系统直接相关。使用先进先出法还是后进先出法会影响这个比率。

损益表报告的销售和销货成本是整个周期的销售和销货成本，而资产负债表报告的库存则是某个时点的库存。由于这些挑战，很多分析人员在计算库存周转率时会使用平均库存。使用平均库存使分析人员可以对变动的库存水平作出调整，而这些变动可能是由季节因素、趋势，甚至消费者的大幅波动或者企业的购买行为引起的。计算平均库存有多种方法。

　　一般情况下，较高的库存周转率更为理想。这表明企业的库存销售速度更快，因此获得收入以及为其投资产生回报的速度也就越快。库存周转率较低表明企业持有库存的时间周期较长，暗示着销售不佳。另外，持有库存的时间越长，库存过期、受损或者被盗的概率就越大，而且持有库存的成本也在随着时间的推移增加。

　　通过应用准时制生产（just-in-time，JIT）方式来降低平均库存，企业提高了库存周转率。但是，请你不要将这误解为减少库存，而不是满足需求。通过降低库存水平，需求可以通过更频繁地采购库存得以满足。闲置库存关系到企业的资金问题，因此运营经理想要让库存在供应链和企业中更快地流动。

　　需要特别注意的是，库存周转率可以被操纵。虽然其他比率也可以被操纵，但是库存周转率更常见和常用。例如，操纵该比率的一种方式是将库存的采购推迟至下个报告期，人为地使当期库存周转率看起来更好。然而，诸如此类的人为操纵最终会使企业逐渐落后。

　　有趣的是，企业也可以通过提高销货成本来人为地提高这项比率。这未必是有意为之的。例如，如果负责采购的人员不是一个勤勉的买手，或者生产和运输的直接成本增加了，这些变化都将导致更高的库存周转率。

库存周转天数

$$库存周转天数 = 365 天 / 库存周转率$$

$$= 365 / 9.16 = 39.85 天$$

　　现有库存天数、平均持有时间以及未售库存天数都是库存天数的常见标签。这个比率表示企业未售库存持有了多长时间且没有售出。这个比率是一种可以更直观地表示库存持有时间的方式。由于库存周转率与库存持有天数这两个数字之间有着直接的联系，因此企业的目标就是要降低这个数字。继续以百事公司为例，库存周转率 9.16 乘以其平均持有时间 39.85 天约等于一年 365 天。

应收账款周转率

$$应收账款周转率 = 净赊销 / 净应收账款$$

$$= 66\,415 / 6954 = 9.55$$

应收账款周转率表示企业将其应收账款转换为现金的速度，它表示应收账款转换为现金的相对频率。较高的应收账款周转率意味着企业成功地从其赊销中收回了现金。几乎没有企业公布或者公开其赊销，所以应收账款周转率更多的是一项内部指标。然而，净赊销可以用销售收入来粗略估算。企业希望有较高的应收账款周转率，因为这意味着企业可以更快地获得现金。这个比率也可以表明客户是否更多地通过赊账的方式来购买，以及客户是否要花费更长的时间才付款。从供应链的角度来看，按时交付产品和服务、产品和服务没有瑕疵并且符合要求都会提高这个比率，即应收账款也能更快地转换成现金。

应收账款周转天数

$$应收账款周转天数 = 应收账款 / 每天平均销售额$$

$$= 应收账款 / （年销售额 / 365）$$

$$= 66\,415 / （66\,415 / 365） = 38.22\ 天$$

$$或 \quad = 365\ 天 / 应收账款周转比率 = 365 / 9.55 = 38.22\ 天$$

需要注意的是，为了简化，分析人员可能会使用 360 天或者其他数字，不过，最经常使用的是 365 天。

应收账款周转天数也被称为应收账款平均收账期，它是评估应收账款的另一个比率。它代表了从应收账款中收回现金所花费的天数。比起应收账款周转比率，应收账款周转天数理解起来会更直观。

这是一家企业在售出货物或者服务后等待收取现金的平均时间。供应商向其客户提供条款是很常见的，这也是一种获得更多客户的有效方法。从本质上说，当企业向客户提供条款时，该企业就变成了银行，为客户的购买提供融资。在大多数情况下，企业不会对提供的贷款收取任何利息。

如果应收账款周转天数多于通常所提供的条款，企业就需要调查客户会延迟付款的原因。是客户的财务出现了问题吗？还是他们对按时付款持一种随意的态度？无论出现哪种情况，高应收账款周转天数都是令人担忧的。客户付款的时间越长，收到全款的可能性就越小。

应收账款周转天数和应收账款周转率之间存在着某种关联，就像库存周转率与库存周转天数之间有某种关联一样。百事公司 38.22 天的周转天数乘以应收账款周转率 9.55 就约等于一年 365 天。

固定资产周转率

$$固定资产周转率 = 销售收入 / 固定资产净值$$

$$= 66\,415 / 18\,575 = 3.58$$

固定资产周转率对企业管理层使用固定资产的效率进行了评估。需要记住的是，固定资产包括那些有长期使用寿命的资产，比如用于生产货物的不动产、厂房和设备。百事公司每 1 美元固定资产产生的收入多于 3.50 美元。

像其他比率一样，我们需要对固定资产周转率进行仔细解读。不动产、厂房和设备一般以成本记录在资产负债表上。在比较相似企业的固定资产周转率时，这可能会有一定的误导性。例如，比较两家企业时，其中一家企业的成立时间早于另一家。两家企业的唯一区别在于它们购置不动产、厂房和设备的时间。由于通胀会影响不动产、厂房和设备的购置价格，与成立时间较晚的企业相比，成立时间较早的企业所记录的固定资产值会略低，因为前者于近期才购置了固定资产。比较这两家企业的固定资产周转率，我们很明显地发现，成立时间较早的企业更有效地使用了固定资产，而实际上也许根本不是这样。

总资产周转率

$$总资产周转率 = 销售收入 / 总资产$$

$$= 66\ 415 / 77\ 478 = 0.86$$

总资产周转率衡量的是企业管理层在给定的总资产基础上来产生销售的效率。总资产周转率低表明，考虑到拥有的资产规模，企业没有产生出足够的交易量或者收入，而企业应当考虑通过出售资产、减少库存或者产生额外的销售等来满足其产能需求，这三种方式组合在一起将会非常有益。如何才能增加销售呢？你可能会马上想起以下几种短期策略，比如降价、提供补助和折扣等，但这些策略都是短期策略，无法达到预定目标。相反，企业应当考虑长久的解决方案，比如改善分销体系、电商网站和销售流程等，这些解决方案都可以方便客户购买产品。

负债管理比率

负债管理比率也被称为杠杆比率，它显示的是企业以债务进行融资的程度。通过债务而不是股权融资的企业必须定期支付债务的本金和利息。如果未能按时偿还这些贷款，债权人可以迫使企业加速偿还债务或者迫使其破产。在很多情况下，贷款契约要求企业保持一定的比率目标或者违约贷款。大部分长期债务合约都包含与担保债务水平相关的契约条款。

税法对债务融资有利，但债务融资却增加了企业的财务风险。长期债务的利息是免税的，而股息不是。企业应当努力找到一种合理的债务和股权融资组合，并且在为其普通股股东提供良好回报的同时最小化财务风险。

负债管理比率对债权人而言是很重要的。在向企业发放贷款之前，债权人需要了解企业是否能够偿还贷款本金和利息。负债管理比率有助于确定这一点。

债务比率

债务比率有时被称为总负债比率或者负债－资产比率，它表示企业有多少资金来自股权之外。

$$债务比率 = 总负债 / 总资产$$
$$= 53\ 089 / 77\ 478 = 68.52\% \approx 69\%$$

69% 的负债比率表明贷款人为企业提供了一半以上的资金。债权人和贷款人更喜欢较低的负债比率，就像房屋购买者申请抵押贷款时抵押贷款专员所做的那样。房屋购买者的债务越少，其发生债务违约的可能性就越小。与此相似，企业较低的债务比率也降低了其违约的可能性。

高债务比率可能会妨碍企业从贷款人处获得新的债务融资。在这种情况下，企业就需要依赖股权渠道了。如果能够获得债务融资，那么企业借钱的成本可能会更高。贷款人会提高借款利息来抵消无法偿还贷款的高风险。

负债股权比率

债务比率与负债股权比率相似。

$$负债股权比率 = 负债资产比率 / （1- 负债资产比率）$$

$$= 0.6852 / （1- 0.6852）$$

$$= 2.18 \ 或 218\%$$

$$或 \quad = 总负债 / （总资产 - 总负债）$$

$$= 53\ 089 / （77\ 478 - 53\ 089）$$

$$= 2.18 \ 或 218\%$$

负债股权比率反映了债权人为企业所有者提供的每 1 美元资产所提供的资产金额。我们以百事公司为例。债权人为股东提供的每 1 美元资产，为百事公司提供了 2.18 美分的资产。看到这里，你也许会好奇，2.18 是否会令人担忧。不同的人对此有不同的观点。正如负债资产比率一样，债权人更喜欢较低的负债股权比率。然而，企业所在行业是一个因素。不同的行业给了债权人不同水平的偿付保证。低负债股权比率暗示了杠杆收购的可能性，在杠杆收购中，投资者可以使用债务买入企业的股票。然而，普通股股东更喜欢高负债股权比率，因为他们能够从债权人通过财务杠杆提供的资产中获益更多。债务比率过高会凸显破产的风险增加。每个行业都有自己的负债 / 股权组合，因此我们再次强调，要在同一个行业中寻找相似的企业进行比较，这一点很重要。

利息保障倍数

利息保障倍数（TIE）=（净收益 + 利息费用 + 所得税费用）/ 利息费用

= 息税前利润 / 利息费用

= 9 705 / 911 = 10.65

利息保障倍数也被称为已获利息倍数，它衡量的是企业履行其支付利息义务的程度。特别是，它揭示了企业在无力支付其利息成本之前，经营收入可能会下降多少。利息保障倍数不断向 1.0 下降是令人担忧的。由于利息是以税前收益支付的，这个比率使用的是息税前利润。这个比率越低，贷款契约违约的风险就越大。回想一下上面的计算：对应每 1 美元的利息费用，百事公司有 10.65 美元的营业利润。在这个时点上，百事公司有能力偿付其贷款利息。

依赖利息保障倍数可能会存在一些令人担忧之处。除了偿还利息外，企业还有其他负债，比如贷款本金和债券付款。另外，息税前利润与现金流量并不一致。收入也许已经获得并得到确认，因此提高了息税前利润，但是企业可能还未收回任何现金。尽管如此，企业仍需要现金来支付负债和利息。考虑到这些担忧，我们需要考虑的另一个备选比率就是偿债备付率。

偿债备付率

偿债备付率 = 息税前的经营现金流量 /（利息支出 + 本金支出 + 其他负债支出）

这个比率为了解企业经营所产生的现金是否足以偿付利息、本金和其他负债提供了很好的视角。其他债务可能包括提前偿付的债务和租赁支付。计算这个比率的信息来自现金流量表。由于这个比率常被定期调整用以满足用户的特殊情况，你会发现息税前利润或者其他很多变量都被用在分子中，但我们依然可以将所有负债都放在分母中。

第 4 章   企业估值

Financial Intelligence for Supply Chain Managers

    管理者关注的是企业的估值，有些人甚至达到了痴迷状态。原因就在于这些上市公司的管理者要接受审查。投资委员会会频繁地评估企业的价值和股价。评估会基于管理技巧和失误、企业运营、竞争环境以及管理者经营企业的效果进行。投资者回报也很重要，通常管理者的任期和报酬取决于其帮助投资者实现投资回报最大化的能力。另一个需要考虑的因素是，如果企业计划出售或者会被其他企业收购，那么越高的估值就意味着出售者、所有者和股东得到的回报会越高。另外，员工也应当关注企业的估值。对于某些员工来说，他们的退休规划中有企业的股权，或者可以说他们是企业员工持股计划（Employee Stock Ownership Plans，ESOP）中的一部分。在这种情况下，持有企业股份的员工拥有企业部分所有权，因此企业的估值和所形成的股价会直接影响退休和投资账户余额。虽然高管通常是企业估值的主要责任人，但是这并不意味着企业员工就可以不用关心企业估值。

    供应链和运营专家有很多影响企业估值的机会。我们在前面章节中已经对价值作了说明。供应链和运营专家会在保证成本可控的同时，通过交付高品质产品、提供无可挑剔且及时的服务为客户创造价值。管理好每个部门可以提升企业的财务价值。我们需要记住的是，估值比率体现的是企业的市场价值。本章将会更仔细地介绍估值，解释估值的重要性以及投资者和买方市场、供应链和运营经理对企业估值的影响。

价值

行业内有多种估值方法。了解这些方法的过程很有趣，本章重点研究的是供应链和运营决策是如何影响企业估值的。对于这些估值方法的优点，以及在特定情况下应当采用哪种估值方法，投资者和价值评估专家有着不同的意见。我们可以通过更多渠道获取更多信息。

什么是价值？价值有多种不同的定义方式。有些人在短期内会将价值分为两种：账面价值和市场价值。企业的财务报表决定了其账面价值。我们根据企业的资产负债表即可确定企业资产和净资产（股东权益）的账面价值。前面章节中提到过，净资产（股东权益）就是总资产扣除负债后剩下的部分。市场价值（即我们通常所说的"市值"）是用流通股的数量乘以股票价格来计算的。市场价值每时每刻都在变化。股票数量和股票价格能体现企业股票的市场价值。

更复杂的是，账面价值和市场价值会因债务和某些义务的出现而发生改变。短期和长期债务、资本租赁债务和非运营性负债都会影响企业的实际价值。而且，可以持续发展的企业和即将清算的企业有不同的估值。可以持续发展的企业的估值通常高于即将清算的企业，因为前者的资产在很长一段时间内还会继续创造收益。通常情况下，清算价值几乎都不会高于账面价值，因为剩余设备的老化程度及其专业属性会降低清算价值。

相反，我们需要在长期内来研究价值创造。本章将使用科勒（Koller）等人提出的长期发展策略作为主要参考来描述价值创造。[①]那些依靠长期价值开展竞争的企业往往会更为利益相关者考虑。它们会善待企业的新老员工，创造更多的就业机会，而且比起那些没有远见的同行，它们会更关注企业的社会责任。另外，它们会关注供应商是否遵守了公平劳动的要求和安全法；会关注其产品使用的原材料是否安全，是否会破坏环境。长期价值包括权衡取舍，这要比只是单纯地最大化销售额、最小化成本复杂得多。

---

① Koller T, Goedhart M, and Wessels D. *Valuation: Measuring and Managing the Value of Companies*. 5th ed. Hoboken, New Jersey: John Wiley & Sons, Inc.; 2010.

　　由于市场竞争会削弱企业的竞争优势，影响企业的持续经营，所以企业要根据竞争对手和市场的变化不断改进。长期价值取决于企业的改进情况。企业必须进行调整，所以获得可以引起华尔街注意的短期收益与对长期价值创造战略的需求之间是存在冲突的。长期价值增长战略可能会削弱短期财务绩效，但从长远考虑，这种战略却有利于创造价值，并在较长一段时间内为其利益相关者实现更高的回报率。那些只关注短期收益的企业会发现自己的竞争力在慢慢削弱，而且逐渐会在市场中处于劣势地位。

　　那些能更高效地利用资本和资源来创造现金流的企业，其估值也会更高（如图 4-1 所示）。从本质上说，企业会利用投资者投入的资本创造现金流，而价值只有在现金流的增长率高于资本成本的情况下才能被创造出来。资本成本被视为投资者所需的风险调整收益率。企业的价值受其产出现金流的能力以及与其成本结构相关的资本回报率的驱动。资本回报率衡量的是企业对投资者和贷款人所提供资金的使用效果，它既可以显示企业核心运营所产生的利润，还可以显示企业利用投资者和贷款人的资金所获得的收入。如果资本回报率高于资本成本，那么企业就在创造价值。例如，一家公司的资本回报率是 15%，资本成本是 10%，那么投资者和贷款人的每 1 美元资金就能够创造出 0.05 美元的价值。

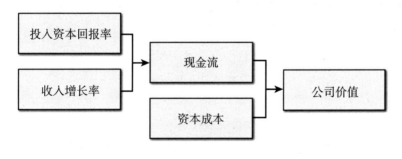

图 4-1　价值驱动因素 [1]

　　再次重申，资本回报率和收入增长是企业价值的主要驱动力。拥有高资本回报率和高增长性的企业（只要资本回报率高于资本成本）在股票市场中的价值会

① Koller T, Goedhart M, and Wessels D. *Valuation: Measuring and Managing the Value of Companies.* 5th ed. Hoboken, New Jersey: John Wiley & Sons, Inc.; 2010:16.

更高。从长远来看，更高的资本回报率和增长会为股东带来更多的回报。从管理的角度来看，如果一家企业从成立之初就有高资本回报率，那么它将从收入增长中获益更多。如果一家企业成立之初的资本回报率较低，那么它可以通过提高资本回报率而获得更多收益。

竞争优势

　　企业力图通过利用营销和经营手段在竞争中获得优势。一些企业能够获得更高利润的原因在于比起竞争对手，它们可以以更高的价格出售相同的产品和服务。它们通过建立信任、提供质量始终如一的产品、运行能够解决客户购物障碍的高效系统、开发新产品和服务以及商业模式来实现这一目的。例如，达美航空公司（Delta Airlines）每客座英里 [①] 的收入要高于其他航空公司，原因就在于它本身的品牌价值、可靠性以及能够满足乘客需求的航线网络。企业也可以通过维护或者有效利用资本和成本获得竞争优势，增加利润。比如：

- 提高或者拓展最小化边际成本的能力；
- 最大化规模和范围经济；
- 能够获取并且使用比竞争对手更高端的原材料；
- 运行有效且无法被竞争对手复制的系统。

　　生产、物流和客户互动系统可以提高客户满意度和客户回报。商业系统有能力增加利润、降低成本，为竞争对手设置竞争壁垒。

　　收入增加对价值创造很重要。发展源自项目、收购和新客户，但是这种发展在促进企业发展的同时，也会让企业产生额外的成本。没有成本就没有发展。运营和供应链可以促进发展。企业在利用有效且合适的系统的同时，提高自身最小化边际成本的能力，会促进自由现金流的增长，因此资本回报率和价值也会随之提高。

---

①　1英里约为1.609公里。—译者注

重组传统财务报表

很多人试图使用传统的财务报表来评估一家企业，但是企业编制财务报表的主要目的是报告其历史财务信息，而不是分析。资产负债表把运营性和非运营性资产以及企业的资金来源结合在一起。损益表把利用资金成本（比如利息支出）所获得的运营性利润结合在一起。要真正检验和评估企业的运营情况、绩效和价值，我们需要将传统的财务报表重组为三类：运营性报表、非运营性报表和资金来源。重组之后，我们就可以用三个重要概念来确定企业的价值。这三个无法直接在财务报表中找到的概念是：

● 息前税后营业利润（Net Operating Profits Less Adjusted Taxes，NOPLAT）；
● 资本回报率；
● 自由现金流（Free Cash Flow，FCF）。

企业要想继续发展，就需要理解这三个主要概念的含义，并了解它们的计算方法。掌握了这些概念，企业就能够搞清楚供应链和运营活动如何影响这些关键的价值驱动因素。寻找信息和计算过程可能会比较复杂，但是了解计算的各个步骤能够帮助我们更好地了解供应链和运营活动对产出的影响。

要计算资本回报率和自由现金流，我们不仅要通过重组资产负债表找到投入的资本，而且还要通过重组损益表找到息前税后营业利润。下列公式中的"资本回报率"指的是企业投入的每 1 美元所获得的回报；"息前税后营业利润"指的是企业核心营业收入的税后利润；"投入资本"指的是企业投入核心业务中的累积数额，主要由不动产、厂房和设备以及营运资本组成，而不考虑资本筹措的方式；"自由现金流"指的是除去新资本的投资，企业核心运营产生的现金流；"净投资"指的是第一年投入资本与第二年投入资本的差额。

资本回报率 = 息前税后营业利润 / 投入资本

自由现金流 = 息前税后营业利润 + 非现金运营支出 − 投入资本投资

或者

自由现金流 = 息前税后营业利润 − 净投资

后文将对上述公式作进一步解释。先总结一下到目前为止所提到的内容：那些能够提高资本回报率或者使资本回报率始终高于资本成本的企业才能够创造价值。我们用以下数学公式举例说明。

$$价值 = 自由现金流（1 + g）/ 加权平均资本成本 - g$$

永续增长法假设企业会永久存续，而且其自由现金流会一直稳定增长。企业的价值受投入资本的数量、资本回报率、收入增长和加权平均资本成本驱动。加权平均资本成本是企业为从股东和贷款人（股权人和债权人）处筹集资金而付出的代价；g 是未来现金流的增长率。

息前税后营业利润

当比较两家拥有相同业绩、不同债务数量的企业时，它们的净收益会有所不同。债务越多的企业，所获得的净收益就越少。请记住，净收益就是只有股权所有者才能获得的利润。

企业经营所得收入减去所花费的运营成本就是营业利润（息税前利润），而营业利润（息税前利润）使两家企业处于平等的地位。营业利润中不包含成本、债务融资费用和所得税。

息前税后营业利润有时也被称为税后净营业利润（Net Operating Profit After Tax，NOPAT），它是税后营业利润，即企业核心运营所产生的利润，但不包含非营运资产或者财务支出产生的所有收益。息前税后营业利润用于计算自由现金流，可以衡量管理部门的运营绩效。它可以通过对比企业的经济绩效和资本成本来反映管理者的效率。另外，息前税后营业利润可以确定所有投资者（包括所有股东和债权人）的利润。

表 4-1 为解释如何计算息前税后营业利润提供了一个例子。加上税后的非营业收入后，企业的息前税后营业利润是 2 400 000 000 美元，投资人可支配收入是 2 426 000 000 美元。

表 4-1　　　　　简略损益表、息前税后营业利润和投资者可支配的收入 [①]

单位：百万美元

简略损益表		息前税后营业利润	
	本年度		本年度
收入	14 500	收入	14 500
运营成本	（11 000）	运营成本	（11 000）
折旧	（300）	折旧	（300）
运营利润	3200	运营利润	3200
		营业税	（800）
利润	（250）	息前税后营业利润	2400
非营业收入	35		
税前收入	2985		
		税后的非营业收入	26
		投资人可支配收入	2426
税费	（746）		
净收益	2239		
		净收益对账	
		净收益	2239
		税后利息支出	187
		投资人可支配收入	2426

　　这张损益表是用来计算息前税后营业利润的。先使用营业利润（息税前利润）、息前税前收入，然后相应调整息税前利润以应对税收的影响。分析人员经常会进一步调节营业收入，然而从我们的实际情况考虑，下列公式会更适合我们：

$$息前税后营业利润 = 营业利润 \times （1-税率）$$

$$= 3\ 200\ 000\ 000 \times （1-0.25）$$

$$= 2\ 400\ 000\ 000 （假设税率是 25\%）$$

　　回想一下，税费是按照营业收入减去利息支出计算的。在前面的例子中，计

[①] Koller T, Goedhart M, and Wessels D. *Valuation: Measuring and Managing the Value of Companies,* 5thed.Hoboken,New Jersey: John Wiley & Sons,Inc.; 2010:135.

算税费之前已经把利息支出扣除了。利息支出和非营业收入报账之后，正常的损益表将以 2 985 000 000 万美元为基础报告和计算税费。现在，损益表被重组了，所以就应当以 3 200 000 000 万美元为基础报告和计算税费。这种变化会在计算息前税后营业利润时造成税额的增加。但是，税费负担并没有改变。因为我们只关注运营，所以重组损益表时要将利息支出和所有非营业收入扣除。

投入资本

在考虑投入资本时，我们还需要计算出资本回报率。首先我们要知道，营运资产包括应收账款、库存以及不动产、厂房和设备，而负债经营是没有利息的，它包括应付账款、应计费用（比如工资）和应付所得税。另外，股票包括普通股、优先股和留存收益。表 4-2（资产负债表）给出了一个例子，告诉我们投入资本是如何计算得出的。

表 4-2　　　　　　　　　　　简略资产负债表和投入资本 [1]

单位：百万美元

简略资产负债表	本年度	上一年度	投入资本	本年度	上一年度
资产			资产		
库存	3100	3500	库存（经营性流动资产）	3100	3500
不动产、厂房和设备净值	4650	4550	应付账款（经营性流动负债）	（1900）	（2100）
股票投资	150	300	净营运流动资金	1200	1400
总资产	7900	8350			
			不动产、厂房和设备净值	4650	4550
			总营运资金	5850	5950
负债和股本					
应付账款	1900	2100			
附息债务	3450	2800	股本投资	150	300
普通股	800	700	投入资金总额	6000	6250
留存收益	1750	2750			

[1]　Koller T, Goedhart M, and Wessels D. *Valuation: Measuring and Managing the Value of Companies*, 5thed.Hoboken, New Jersey: John Wiley & Sons,Inc.; 2010:134.

续前表

单位：百万美元

简略资产负债表		投入资本		
总负债和股本	<u>7900</u>	<u>8350</u>		
		投入资金总额对账		
		附息债务	3450	2800
		普通股	800	700
		留存收益	1750	2750
		投入资金的总额	6000	6250

本年度，

$$净营运流动资金 = 经营性流动资产 - 经营性流动负债$$

$$= 3\,100\,000\,000 - 1\,900\,000\,000 = 1\,200\,000\,000\ 美元$$

$$总营运资本 = 净营运流动资金 + 营运性长期资产$$

$$= 1\,200\,000\,000 + 4\,650\,000\,000 = 5\,850\,000\,000\ 美元$$

如果将股本投资算作营运资产，那么投入资金的总额为：

$$投入资本总额 = 1\,200\,000\,000 + 4\,650\,000\,000 + 1\,500\,000\,000 = 6\,000\,000\,000\ 美元$$

这是投入企业运营中的所有资本，也是投资者为企业运营所提供的所有资本。所以计算得出：

$$投入资本 = 债务 + 股本$$

$$= 3\,450\,000\,000 + 800\,000\,000 + 1\,750\,000\,000 = 6\,000\,000\,000\ 美元$$

本年度投入资本共计 60 亿美元，上一年度投入资本共计 62.5 亿美元。

为了能更准确地理解投入资本，我们要了解某些资产在资产负债表和损益表（通过折旧费用）上是如何被处理的。企业拥有的有形资产（比如不动产、厂房和设备）在资产负债表上被资本化，并且随着时间的推移而贬值。损益表上的无形资产（比如品牌名称、销售网络或者专利）立刻被纳入支出费用。一家拥有数量较多的无形资产的企业会发现，它们的投入资本往往会被低估，从而人为地造成高资本回报率，或者资本回报率被夸大。

资本回报率

比起资产回报率和净资产收益率，更多人偏向使用资本回报率（Return on Invested capital, ROIC）来衡量企业的财务和运营绩效。因为资本回报率只关注企业的运营。而资产回报率有其局限性，它包含了非营运资产，忽略了应付账款和其他经营性负债的优点，这会减少从投资者那里获得的资本数额。而且，由于资产会随着时间的推移而发生贬值，所以资产基础也会发生改变。净资产收益率会把运营绩效和资本结构组合在一起，使同行群体和趋势分析变得没那么有意义。

企业的资本回报率可以被分解，这样就可以找到驱动资本回报率的根本因素。资本回报率可以表示为：

资本回报率 =（1– 营业现金税率）×（息税前利润 / 收入）×（收入 / 投入资本）

从上面的公式中，我们可以找到资本回报率的驱动因素。是被表示为息税前利润 / 收入（运营利润率）的盈利能力吗？是被表示为收入 / 投入资本的资本周转率吗？是最小化营业税的能力吗？这可以在实际的运营环境中进一步得到检验（如图 4-2 所示）。在检验的过程中，我们还可以看出价格、数量以及固定和可变成本是如何影响利润的。

利润 =（价格 × 数量）– 固定成本 –（单位可变成本 × 数量）

我们可以从公式中看出价格和成本是如何驱动资本回报率的。这里使用的"单位"可能代表着一件商品或者从生产的角度看；然而，"单位"可以用于很多情景。例如，"单位"可以是处理的交易数，可以是通话数量或者计费的小时数。我们还可以从这个公式中发现，供应链和运营决策是获得高资本回报率的重要因素。通过降低成本、更有效地使用资本以及高效的工作流程，专业的供应链和运营模式能够提高单价。购买原材料、管理库存和运输、管理项目以及高效地使用建筑和场地以及设备的能力是提升企业竞争力和价值的关键因素。

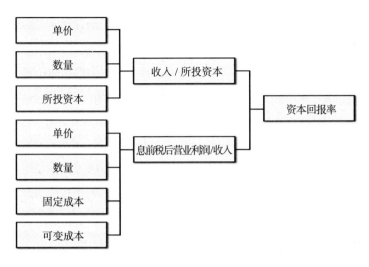

图 4-2 资本回报率、价格、数量和成本的关系

　　在实践中，供应链活动对资本回报率的影响很明显。但是，通过经营性租赁（我们在第 3 章中已经讨论过）将资产从资产负债表中剥离的影响是什么呢？当企业借钱购买资产时，资产会被资本化，或者与相关债务一起被记入资产负债表，与此同时，利息也会被记入损益表。相反，当企业出租或者租赁资产时（这就是经营性租赁），企业就可以使用损益表上的租金，因此就可以将资产和债务从资产负债表中剥离。这样做通常会对企业的财务比率和运营比率产生积极的影响，而资本回报率没有被改变。这导致了资本效率的提高，因为资产没有被记入资产负债表，这就人为地产生了高资本回报率。拥有大额和易转让资产的行业（比如航空业）会更倾向于使用经营性租赁。

自由现金流

　　高或渐增的自由现金流是企业健康发展的标志。投资者更愿意投资于那些拥有高或渐增的自由现金流而股价却被低估的公司，他们希望公司的股价会随着市场对其内在价值的发现而上涨。这是因为投资者心理在短期内发挥着重要的作用，而企业需要用更长的时间才能产生真正的竞争优势和内在价值。自由现金流衡量的是企业产生现金流的能力，是股票定价和企业估值的基本依据。比起包括每股收益法在内的其他财务方法，自由现金流更能反映一家企业的实际情况。短期内，股票价格会因为各种原因而发生变化，然而，自由现金流决定了企业长期的股票价格。每股收益没有考虑固定资产或者营运资本的变化，而固定资产和营运资本都会吸收大量现金。尽管 CEO 和首席财务官知道每股收益并不是最准确的方法，但是鉴于华尔街对每股收益的关注度，他们还是倾向于使用每股收益来作出决策。比起决定每股收益的分子的竞争动态，管理层通过股票回购和发行对每股收益的分母的控制力更强。

正如息前税后营业利润可以确定所有投资者（包括所有股东和债权人）的利润一样，自由现金流也可以确定投资者的利润。自由现金流是考虑到资本支出（比如建筑或者设备支出）的税后现金流，是所有投资者、股东和债权人可以使用的现金流。因此，管理者可以通过增加自由现金流来提升企业的价值。

与会计报表上（可以在企业年报中找到）的现金流不同，自由现金流不依赖于融资项目和非经营性项目。如果企业报告的盈亏与其日常核心业务没有直接联系（比如销售设备获得的一次性收入），那么这项盈亏就不应当用于自由现金流计算，因为这会影响对企业正常现金产出能力的准确判断。所以，自由现金流取决于销售收入、运营成本和税费以及所需的运营投资。

当然，自由现金流可以被用于企业估值，但是现金本身是用于支付利息或者偿还债务、向股东支付分红、回购股东手中的股票或者购买非营运资产。一般情况下，企业不会用自由现金流来购买营运资产，因为自由现金流已经考虑了发展所需的营运资产的购买。

需要注意的是，自由现金流是企业产生的现金流量，是考虑到资本支出（比如建筑或者设备）的现金流。有些企业对资本支出留有一些余地，因此自由现金流会受到影响。

自由现金流的计算方式如下。

自由现金流 = [营业利润 × (1– 税率) + 折旧] – 资本支出 – 净营运流动资金的变动

"[营业利润 × (1– 税率) + 折旧]" 可以表示为

$$经营现金流 = 息税前利润 - 税费 + 折旧$$

"净营运流动资金的变动"可以表示为经营性流动资产的变化 - 经营性流动负债的变化。

为了简化上述公式，自由现金流可以变成：

$$自由现金流 = 息前税后营业利润 + 非现金营业费用 - 投入资本投资$$

表 4-3 提供了一个如何计算自由现金流的例子。自由现金流是 2 100 000 000 美元，投资者可支配的现金流是 2 276 000 000 美元。

表 4-3　　　　　　　　简略现金流量表和自由现金流 [1]

单位：百万美元

	本年度		本年度
净收益	2239	息前税后营业利润	2400
折旧	300	折旧	300
库存的减少（增加）	400	毛现金流	2700
应付账款的减少（增加）	（200）		
运营所得现金流量	2739		
		库存的减少（增加）	400
		应付账款的增加（减少）	（200）
资本支出	（800）	资本支出	（800）
股权投资的减少（增加）	150	自由现金流	2100
税前收入	（650）		
		税后非营业收入	26
		股权投资的减少（增加）	150
债务的增加（减少）	650	投资者可支配的现金流	2276
普通股的增加（减少）	100		
分红	（455）		
融资性现金流	295		

[1] Koller T, Goedhart M, and Wessels D. *Valuation: Measuring and Managing the Value of Companies*, 5thed. Hoboken, New Jersey: John Wiley & Sons,Inc.; 2010:136.

资本成本

我们之前已经讨论过加权平均资本成本。请记住，它是企业从股东和贷款人（股权和债务持有者）处所筹得资本的成本。由于筹得资本或者资金不是无偿的，所以企业需要了解获得这些资金的成本。这种成本会影响自由现金流，当然也会影响企业的估值。有些人在购房或者购车时会向抵押贷款人或者银行借钱，这时贷款人会以一定的利率借出这笔钱，这个利率就决定了借款人借到这笔钱的成本。因此，在借钱购房或者购车时，房或者车的总成本包含了房子或者车本身的价格以及应付的利息。

对于投资者、贷款人和债权人而言，加权平均资本成本是他们投资一家企业与另一家企业展开竞争，或者投资一种完全不同的机会时所面临的机会成本。

企业是无法精确把握加权平均资本成本的，所以它只是一个估值。加权平均资本成本由股权成本、税后债务成本和企业的目标资本结构（债务和股权组合）三部分组成，其中的每个部分都需要被评估。

绩效树

绩效树将财务绩效和运营绩效予以区分。行业中有多种绩效树在被广泛使用，比如杜邦模型（DuPont model）、资本回报率树和价值树。通过分解法（比如资本回报率和价值结构树），绩效树在确定运营活动改变是如何影响资本回报率、收入增长以及企业价值方面发挥着重要作用。而且，杜邦模型、资本回报率树和价值树可以被用于敏感性分析和风险分析。在数值中加入新的数值或者所需的变量就能够立刻得到资本回报率、收入以及价值变动的反馈。资本回报率树构建了以具体企业运营为基础的财务比率。图4-3展示的价值树描述了营销与生产之间的联系，以及它们对企业价值创造（或者破坏）产生的总体影响。我们从价值结构树中可以看出固定和可变成本、单价和生产量在哪个环节以及如何影响了企业价值。当然，价值树是基于行业构建的，行业不同，价值树也会不同。

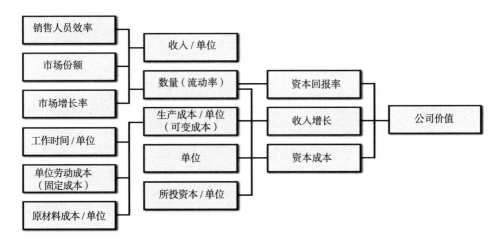

图 4-3　企业价值结构树 [1]

---

① Koller T, Goedhart M, and Wessels D. *Valuation: Measuring and Managing the Value of Companies*, 5thed. Hoboken, New Jersey: JohnWiley & Sons, Inc.; 2010:421.

第5章 决策工具

Financial Intelligence for Supply Chain Managers

企业以钱生钱。由于企业有多种现金来源，因此一些重要的商业决策往往会基于资本支出进行。对于企业来说，资本支出就是把钱分配给项目，用来产生未来的现金流。通常情况下，这些项目都属于周期长且投资大的项目。对于企业管理层来说，选择具有最高回报和成功机会最大的项目是十分重要的。资本预算包括项目评估、项目比较和项目选择。

以往，供应链和运营经理一直被要求尽可能地降低成本。因此，他们被划分为成本中心也就不足为奇了。一方面，供应链和运营经理确实影响了成本控制和节约，但另一方面，他们对利润创收也产生了影响。虽然他们可能不会被划入利润中心，但是从收入和成本的角度来看，供应链和运营经理的工作影响到了利润率。虽然销售人员会销售产品，但是供应链需要交付产品。如果一位推销员卖出了1000台发电机，但是产品没有交付给客户或者发电机质量很差，那么就可以说他没有创造收入。最终，企业需要履行其所有职能。企业需要交付产品或者提供服务，以获得收入。

作为供应链和运营人员，我们要对所有类型的项目负责。我们应用专业知识来实施新的流程，帮助企业在与员工、供应商和顾客打交道的过程中变得更高效、更有效。我们负责执行项目，帮助企业提高绩效水平。但是，我们如何知道需要执行哪些项目？如何改进程序？这也引出了一个问题：我们如何知道流程的改进和变化是否对企业财务绩效有好处呢？

对于很多供应链和运营专家来讲，计算是无法精确预测他们的决策是如何影响企业经营的。相反，最初为建模而进行的信息收集和思维过程将更有助于他们进行更深入的思考。综合考虑商业挑战、估算初期投资预算、预估现金流、考虑项目风险会提高成功的可能性。研究和全面考虑也会加深对企业身处的竞争环境的理解。

在实践中，本章中所介绍的每种工具每提供一个答案，就会引出其他问题。提出这些问题是我们进行深入了解的第一步。很多问题都是假设性的问题。比如，如果我们将喷气发动机的价格降低 10%，那么需求和现金流将会受到什么影响？如果我们换一家供应商，我们的原材料成本和现金流将会受到什么影响？这些问题实际上是情景分析和敏感性分析。通过业务情景分析和敏感性分析，供应链和运营人员可以根据输入的变化来识别各种结果。不同的输入可能导致最好的情况，也可能导致最坏的情况。接下来我们要介绍的工具对于理解供应链和运营决策如何影响企业的财务状况是十分有用的。

本章介绍了一些财务专家和人们常用的供应链和运营决策工具。这些工具有助于你作出决策，也可以揭示企业财务将如何受其影响。阅读本章后，你将更明白如何应用这些工具。

杜邦模型

杜邦模型可以有效地揭示运营如何在财务方面影响企业。它有助于弥补运营、财务和会计之间的差距。杜邦模型也被称为杜邦公式，它表示的是商业决策对资产回报率和净资产回报率产生的影响。净资产收益率备受关注，它可以很好地衡量一家企业的管理层是如何为股东创造价值的。对所有比率来说，识别出驱动比率的因素都是十分重要的。简单地观察净资产收益率在某一时点的值或者它的变化趋势，可能无法为我们提供所需的企业信息。总之，净资产收益率可能会有误导性，而杜邦模型揭示了是什么在真正地驱动净资产收益率。

杜邦模型将利润率和资产效率合并以得出资产回报率。利润率可以使用损益表中的值计算得出。资产效率（可由总资产周转率衡量）可以使用损益表和资产负债表中的值计算得出。

$$资产回报率 = 利润率 \times 总资产周转率$$

$$= （净收益 / 销售）\times （销售 / 总资产）$$

$$= 净收益 / 总资产$$

进一步讲，如果一家企业仅靠普通股融资，那么资产回报率就等于净资产收益率。

$$资产回报率 = 净收益 / 总资产$$

$$= 净收益 / 普通股$$

$$= 净资产收益率$$

当一家企业靠债务融资，净资产收益率由资产回报率乘以权益乘数（企业的财务杠杆）计算得出。如前所述，财务杠杆是"债务"的另一种表达方式，是企业使用普通股或者债务为资产购买融资。权益乘数将揭示企业使用借来的钱（债务）是否可以驱动净资产收益率。

$$杠杆 = 平均资产 / 平均股本$$

或者换种说法，

$$权益乘数 = 杠杆 = 总资产 / 普通股$$

最终，

$$净资产收益率 = （净收益 / 总资产）\times （总资产 / 普通股）$$

$$净资产收益率 = 资产回报率 \times 权益乘数$$

下一个方程式是扩展后的杜邦方程，它展示了净资产收益率是盈利能力、效率以及财务杠杆这三个变量的函数。

$$净资产收益率 = 盈利能力 \times 效率 \times 财务杠杆$$

扩展成为

$$净资产收益率 = (净收益/销量) \times (销售额/总资产) \times (总资产/普通股)$$

当在电子表格中创建杜邦模型（如图 5-1 所示）时，任意值发生变化，杜邦模型就会立刻显示出这种变化在其他财务和经营指数中是如何影响资产回报率和净资产收益率的。将新的值插入模型，就可以得到关于企业经营、供应链决策和政策的即时反馈。

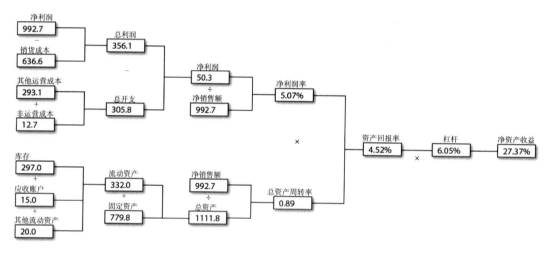

图 5-1　杜邦模型 [①]

为了介绍更多关于净资产收益率的内容，我们要知道我们的最终目标是确定净资产收益率的驱动因素。净资产收益率是由衡量管理层实现高利润率的盈利能力驱动的吗？还是由管理层有效利用其资产的能力驱动的？或者是管理层预测额外债务的能力？一般情况下，净资产收益率提高是有利的，它预示着股东权益回报率正在提高。净资产收益率的提高可能是因为客户对企业的满意度较高，但是

---

① 图中单位为百万美元，除总资产周转率和特殊标注外。—译者注

如果没有理解背后的驱动因素，这也只是猜测。如果一家企业通过提升客户满意度而提高了净资产收益率，这意味着虽然竞争对手有相同的产品或者服务，但是客户愿意支付更多的钱来购买该企业的产品或者服务，从而使该企业实现更高的利润率。然而，如果没有明显的迹象表明净资产收益率提高是受何种因素驱动的，那么我们就不能假设这是事实。

另外，我们要从投资者的角度考虑。投资者可能会认为，净资产收益率处于提高阶段的企业是值得投资的。但是，如果净资产收益率的提高是因为企业承担了额外债务，从而导致财务杠杆升高，那么这就需要重新考虑。虽然净资产收益率提高了，但是投资该企业可能需要承担高风险，因为它背负了更多的债务。通过拆分净资产收益率，杜邦分析法可以更深入地分析企业正在如何运营以及使用了何种杠杆。

净资产收益率的提高一般对企业是有利的，而净资产收益率降低往往被认为是有负面影响的。然而，人们不应当这么快就给出结论。导致净资产收益率降低的原因有很多，而且如果债务还清导致净资产收益率下降，这对企业来说是一件好事。这是一个很好的例子，用以展示仔细观察净资产收益率的变化对于了解其真实含义的重要性。

如果净资产收益率保持不变该怎么办？当我们更仔细地研究净资产收益率时，可能发现的情况是利润率和资产周转率都有所下降，因此净资产收益率保持不变的原因是债务的增加。当然，对于企业来说，净资产收益率保持不变并无益处。

杜邦模型的拓展

杜邦模型在很多方面都很有用。

第一，杜邦模型可以帮助使用者分清是什么驱动了资产回报率和净资产收益率。它们是由企业赚取高额利润率（一种衡量经营效率的方法）的能力驱动，还是由企业资产的高效使用（通过总资产周转率衡量）驱动，或是由债务融资（通过财务杠杆和权益乘数衡量）的使用驱动？

第二，杜邦模型可以用于情景假设的分析。要想实现预期的增长，企业是否需要提高生产力并且雇用新员工？将期望工资和销售收入的值代入杜邦模型，使用者可以立刻观察到资产回报率和净资产收益率的变化情况。另外，如果管理层表示想要达到净资产收益率增长 10% 的目标，那么杜邦模型可以帮助其决定如何完成目标，以及什么样的运营或者供应链活动将有助于实现此目标。

第三，杜邦模型可以作为一种风险规划工具。如果一家供应商倒闭，那么企业就不得不寻找新的供应商，而且必须加快运输速度。这些变化将如何影响净资产收益率呢？

第四，在 B2B 商业模式中，杜邦模型可以作为一种销售工具。潜在客户可以看到，如果他们购买这家企业的产品或者服务而非竞争对手的，他们的净资产收益率将有何改善。

将杜邦模型付诸实践的理念是，随着商业环境的变化（或者在其发生改变之前），人们能够明白这些变化对于企业的影响。要实现这些，可以将期望值代入杜邦模型，同时观察资产回报率、净资产收益率以及其他绩效指标的变化。

当然，很多供应链和运营流程以及项目对资产回报率和净资产收益率都会产生影响，比如实施新的库存和运输的 IT 系统、合并或者增加配送中心、实施精益且高质量的管理项目以及更换供应商。以上这些都会不同程度地影响资产回报率和净资产收益率。

为了说明这一点，你可以参考以下的例子。几年前，你选择了一家供应商，从那时起，企业的运营一直很顺利。经过进一步调查，你发现供应商的财务状况并不如之前那样稳定。经济衰退甚至稍高的利率都可能严重影响供应商的供货稳定性。你可以使用杜邦模型进行情景分析。以下两种情景看起来是合理的：（1）供应商继续履约，达到如图 5-1 所示的稳定状态；（2）供应商因受到较高利率的影响而无法筹措更多资金，因此无法生产足量的产品（如图 5-2 所示）。

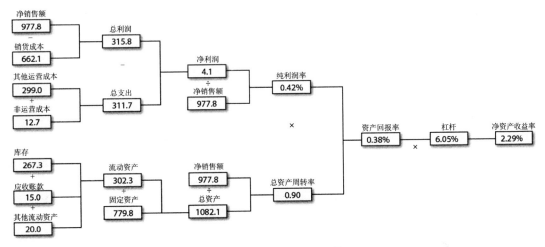

图 5-2　修改后的杜邦模型 [①]

如果情景（2）发生，就可能有两种结果：（1）销量下降导致你的收入减少；（2）无论是寻找新的供应商、花更多时间与新供应商协商流程和程序，还是加快货物运输速度以满足当前销售条款，都会增加成本。在这种情况下使用杜邦模型，如果你可以输入合理的收入和成本的新估值，你会立刻看到净资产收益率的变化。

情景（1）的现状显示，资产回报率为 4.52%，净资产收益率为 27.37%。

然而，如果情景（2）发生，我们可以合理预计：

1. 销售损失导致收入下降 1.5%；

2. 较高的原材料价格和快捷货运使销货成本增加了 4%；

3. 额外的计划和协调使销售及一般费用增加了 2%；

4. 库存减少了 10%。

杜邦模型使用新的数值对结果的改变是巨大的。资产回报率现在为 0.38%，净资产收益率为 2.29%。

调整应收账款和其他流动资产无法明显地改变结果。这样做，运营和供应链

---

① 图中单位为百万美元，除总资产周转率和特殊标注外。—译者注

绩效与企业财务绩效之间的差距正在被弥补。结果清晰地显示了更换供应商对企业财务绩效的影响。

资本预算

资本预算是企业进行项目识别和选择的过程，为了启动这些项目，企业应当为其分配资金。这些项目通常是昂贵且持久的，因此很难纠正最初所作的错误决策。另外，这些项目能够使企业保持竞争力，比如更新设备、引进新产品线或者应用新的信息技术系统。如果企业想要保持竞争力和为股东增加财富，那么项目选择就十分重要。

有很多定量方法可以帮助管理者选择能够为企业和股东增值的项目。尽管定量方法非常有效，但是仍需注意，一些定性因素（比如企业社会责任和可持续发展）也有助于项目选择。以下将会介绍净现值、内部收益率和投资回收期。

净现值

企业会实施一些项目以产生未来现金流，进而产生股东利益。但是，由于企业的预算有限，管理层必须决定要承接哪些将会产生最高回报的项目。净现值（Net Present Value，NPV）用于项目排列以及筛选出能够实现股东价值最大化的项目。净现值越高，股东价值的回报就越高，因此选择拥有最高净现值的项目是非常有意义的。需要注意的是，即使净现值是选择项目时可用的一种定量方法，但是还有一些更重要的定性因素会影响决策。公司治理、道德或者环境可持续问题等因素可能会使一个净现值较低的项目得到企业管理层和股东更多的关注。

净现值使用的是现值的概念。现值意味着今天在你口袋中的 1 美元比明天你收到的 1 美元更值钱。理由有三个：第一，风险；第二，通货膨胀；第三，机会成本。

风险：有一种风险就是你将再也看不到这笔现金。有些项目有很大的可能性会失败或者无法提供预期的现金流。

通货膨胀：通货膨胀会降低你的购买力。今天，你可以买到价值 1 美元的商品，但是在年通胀率为 3% 的情况下，明年你用 1 美元只能买到价值 0.97 美元的商品。

机会成本：如果现在你的口袋中有现金，你可以立刻用钱生钱。你可以把钱存入银行账户赚取利息，也可以购买另一家公司的股票赚取投资收益。如果你把钱捐赠出去或者用在他处，你就没有机会再用这笔钱获得收入。对于项目而言，你希望在项目开始前花钱，之后你希望一旦项目开始实施直至完工，你都能够得到大量现金。你希望现金的数额至少应当与你如果没有承接项目，而把钱投资到别处所得到的回报一样多。

管理层通常在新项目的开始阶段花钱，这被视为现金流出或者负现金流。管理层并不使用现金流出来增加股东财富。企业希望从项目中获得收益，并在日后收到现金。从项目中获得现金被称为现金流入或者正现金流，这时，企业既为自己也为其股东创造了价值和财富。

当然，项目的现金流出和流入的金额和时间各不相同，风险状况也不同。如果可以选择，多数人宁愿在前期少花一些钱并且更快地获得更高的现金流入，也不愿像现在一样花更多的钱、等待很长时间才能获得现金流入。前者将产生更高的股东价值。为了公平地比较项目，每个项目的状况都可以将现金流出、现金流入和现金流时机转换为现值（Present Value，PV）。这样，管理层就可以比较每个项目，并选择最能够为企业增值的项目。

当使用净现值作决策时，需要提供合适的贴现率和对未来经营的现金流的准确预估。贴现率是基于项目风险和资本成本来分配的。项目风险与未来现金流将低于预期的可能性有关。如果承接了一个高风险的项目，就必须获得更高的收益。项目风险越高，贴现率越高。而且，如果资本成本为 10%，那么该项目至少需赚够资本成本，以保证所有投资者得到与风险相符的回报。

贴现率可以使企业将预期的未来现金流转换成今天的价值。今天的价值被称为现值。例如，一家公司即将承接一个为期 3 年的项目。在第三年，公司希望以

10% 的资本成本获得 1 500 000 000 美元（现金流入）。从现在开始的三年内，公司利用 1 500 000 000 美元将可以获得多少现值？为了得出结果，我们使用公式：

$$PV = FV / (1 + r)^y$$

其中 PV 为现值，FV 为未来值，r 为折现率，y 是收到现金流的期间。

$$PV = 1\ 500\ 000\ 000 / (1 + 0.10)^3$$

$$= 1\ 500\ 000\ 000 / 1.331 = 1\ 126\ 970\ 000\ \text{美元}$$

这表明，从现在起的三年内，公司利用 1 500 000 000 美元将获得的现值为 1 126 970 000 美元。换句话说，该公司今天银行账户中的 1 126 970 000 美元相当于三年后的 1 500 000 000 美元。关键在于，管理层正试图将未来应收现金转化成今天的货币形式来作出决策。

继续讨论这个例子。该公司预计，今年将斥资 2 500 000 000 美元运行这个项目，并在接下来的三年中从该项目中每年获得 1 500 000 000 美元。之前提到，贴现率为 10%，那么该项目的净现值是多少？我们可以使用下列公式计算：

$$NPV = -C_0 + \frac{C_1}{(1+r)^1} + \frac{C_2}{(1+r)^2} + \frac{C_3}{(1+r)^3}$$

其中 NPV 为净现值，C 为现金流，r 是贴现率，0、1、2、3 指的是期间（在我们的例子中代表年）。注意，现金流出用"−"表示，现金流入用"+"表示。

$$NPV = -2\ 500\ 000\ 000 + \frac{1\ 500\ 000\ 000}{(1+0.10)^1} + \frac{1\ 500\ 000\ 000}{(1+0.10)^2} + \frac{1\ 500\ 000\ 000}{(1+0.10)^3}$$

$$NPV = -2\ 500\ 000\ 000 + \frac{1\ 500\ 000\ 000}{1.1} + \frac{1\ 500\ 000\ 000}{1.21} + \frac{1\ 500\ 000\ 000}{1.331}$$

$$NPV = -2\ 500\ 000\ 000 + 1\ 363\ 640\ 000 + 1\ 239\ 670\ 000 + 1\ 126\ 970\ 000$$

将所有的现值加总，得到的净现值为：

$$NPV = 1\ 230\ 280\ 000\ \text{美元}$$

公司是否应当承接这个项目？是的，因为净现值是正值。这意味着该公司如果承接了该项目，净现值将会变好（即以今天的方法衡量，它们的财富增加了）。

净现值决策规则如下。

1. 如果净现值为正，那么企业就可以承接该项目。该项目将增加企业和股东的价值；

2. 如果净现值为负，那么企业就应当放弃该项目。该项目将不会增加企业或者股东的价值；

3. 如果净现值＝0，那么该项目的现金流完全足以偿还投资者所要求的回报率；

4. 如果多个项目的净现值都为正且预算有限，那么在预算允许的范围内，企业应当在所有净现值为正值的项目中，选择最大化总净现值的项目。

如果项目比最初预估的风险更大，致使贴现率更高，那么净现值会发生什么变化呢？结果就是净现值将变得更低。例如，当贴现率为30%时，那么净现值将等于224 000美元，比以前低得多。更多的未来现金流会由于较高的风险或者较高的资本成本而大打折扣，贴现率将变高，导致净现值变低。相反，如果一个项目风险较低，贷款成本较低，那么折扣率将低于10%。在这种情况下，净现值将升高。为一个项目选择具有代表性的贴现率是很重要的。如果贴现率不明确，企业可能会发现已经承接的项目其实本不应当承接，或者已经放弃的项目其实应当承接。

进行净现值分析时，最具挑战性的工作之一就是预测某个项目的未来现金流。由于受多种因素影响，预测很难做到精确。对收入、成本和需求发展的独立预测一般需要由企业内部的多个部门协同完成。

现金流的预估需要考虑以下方面的因素。

1. 收入：企业希望以什么样的价格获得产品或服务？

2. 需求：对产品或者服务的需求预测是什么？

3. 费用和成本节约：将会产生哪些额外费用？项目是否可以实现任何的成本节约？

4. 税收：税率是多少？税率是否会发生变化？

5. 折旧：使用什么样的折旧方法？过程中是否会发生变化？

即使精确预测现金流非常具有挑战性，但是分析人员还需考虑其他因素，比如：

经济状况：失业率和利率；

企业属性：品牌价值、产品和服务的质量、可靠性和响应能力以及销售团队的效率。

正如自由现金流对企业估值（第4章）十分重要一样，在评估项目时，自由现金流也很重要。相关现金流会被用来评估项目。如果承接了项目，相关现金流就是企业由此产生的额外现金流出和流入。

第4章提到了计算净现金流，营业收入（即利润）由税收、折旧、资本支出和运营资本的变动调整得出。

净现金流 = [营业收入 × （1-税率）+ 折旧]- 资本支出 - 运营资本的变动

同样，

净现金流 = 营业收入 + 折旧 - 税费 - 资本支出 - 运营资本的变动

运营资本的变动 = 经营性流动资产的变化 - 经营性流动负债的变化

经营性流动资产是用来操作如现金、库存和应收账款之类的业务的资产。经营性流动负债是因运营而产生的债务，比如应付账款和应计项目。

估算某个项目的自由现金流是从运营中估算收入的最高表现形式，这是基于对收入、成本和费用的准确估算。由于折旧是一种非现金费用，需要被重新计算进自由现金流中。另外，自由现金流需要减去支付现金的一些项目，包括税收、资本支出和运营资本。

当进行净现值分析时，我们会经常用到"名义货币"和"实际货币"这些术语。名义货币包括通货膨胀的影响，而实际货币剔除了通货膨胀的影响。名义货币是组成现金流的实际金额；实际货币反映的是现金流的购买力。实际货币由名义货币经通货膨胀率调整后得出。通货膨胀会影响预计现金流和贴现率。虽然计算净现值时要用到实际货币或者名义货币，但名义货币更为常用。如果预计现金流中使用了实际货币，那么使用的贴现率也应当为实际贴现率。如果预计现金流使用了名义货币，那么贴现率也亦然。

内部收益率

与净现值一样，内部收益率（Internal Rate of Return，IRR）是用于项目选择的定量法。内部收益率因为简单易用而深受管理者的喜欢。不同于净现值分析需选择贴现率，内部收益率使用净现值接近于零时的贴现率。如果一位分析人员想要通过试错法找到一个贴现率，用于净现值计算，以使未来现金流的现值为 0（NPV = 0 美元），那么贴现率就是内部收益率。

$$NPV = -C_0 + \frac{C_1}{(1+TRR)^1} + \frac{C_2}{(1+TRR)^2} + \frac{C_3}{(1+TRR)^3} = 0 \text{ 美元}$$

我们接着使用之前计算净现值的例子，内部收益率为 36.31%。如果之前的净现值例子中的贴现率为 36.31%，那么净现值将等于 0 美元。

如果内部收益率大于必要收益率（其中包括资本成本和项目风险），那么该项目可以承接。必要收益率也被称为最低资本回报率。如果内部收益率的最低资本回报率大于必要收益率，那么该项目就可以承接。高于必要收益率意味着在偿还资本后会有盈余资金。盈余资金可以为股东创造财富。

内部收益率也有缺陷，缺陷之一就是它假设所有的现金流都将对项目的内部收益率（折现率）进行再投资。但是在现实中，这些比率会发生波动，尤其对于较长期的项目来说。而内部收益率可以被修正，以规避这个缺陷。修正后内部收益率（Modified Internal Rate of Return，MIRR）是一个更现实的概念，它假设所有现金流都将对企业的资本成本进行再投资。内部收益率还有另一个缺陷，即由于现金流会在一个项目周期中反复出现正值和负值，尤其是在长期项目中，因此内部收益率无法准确反映现金流的情况。

到目前为止，我们举的例子都是独立项目。独立项目是那些现金流不会相互影响的项目。从数学上讲，净现值计算法和内部收益率计算法会得出关于项目取舍的相同结论。从逻辑上讲，企业会选择那些具有正净现值的项目，或者在对项目进行排名后选择净现值最高的项目。同样，企业也会选择那些内部收益率高于必要收益率的项目，或者在对项目进行排名后选择内部收益率高出必要收益率最多的项目。

如果项目排名是基于内部收益率进行的，那么互斥项目（即选择此项目就要拒绝彼项目）会产生问题。项目规模和现金流时机会影响净现值和内部收益率排名。当比较互斥项目时，应当使用净现值，而不是内部收益率。

投资回收期

投资回收期是收回项目初始投资的预估时间。当使用投资回报期来比较两个项目时，具有较短投资回报期的项目更为可取。

举例来说（如表 5-1 所示），如果一个项目的初始投资是 2 500 000 000 美元，而且有望在三年内收到 1 500 000 000 美元，那么收回 2 500 000 000 美元的初期投资需要多长时间呢？在第零年（t = 0）的时候，初始投资为 2 500 000 000 美元。第一年收到 1 500 000 000 美元。第一年累积的现金流等于初始投资的 –2 500 000 000 美元加上 1 500 000 000 美元（–2 500 000 000 美元 + 1 500 000 000 美元 = –1 000 000 000 美元）。第二年累积的现金流等于前一年累积的现金流加上第二年的现金流入，即另一个 1 500 000 000 美元（–2 500 000 000 美元 + 1 500 000 000 美元 = –1 000 000 000 美元）。到了第二年，该项目就收回了初始投资 2 500 000 000 美元，还有额外的 500 美元。如果在第二年，现金流在全年是平均分布的，那么投资回收期可以使用以下公式计算：

投资回收期 = 收回前的年数 + （年初未收回成本 / 全年现金流）

投资回收期 = 1 + （1 000 000 000 / 1 500 000 000）= 1.67 年

表 5-1 投资回收期

项目	第 0 年	第 1 年	第 2 年	第 3 年
净现金流（百万美元）	–2500	1500	1500	1500
累积现金流（百万美元）	–2500	–1000	500	2000

一些企业使用的是另一个版本的投资回收期法，该方法被称为贴现回收期法，它考虑了货币的时间价值。比较常用的贴现率是企业的资本成本。在介绍净现值时所举的例子中，现金流使用的是 10% 的贴现率（如表 5-2 所示）。

$$投资回收期 = 1 + （1\,136\,000\,000 / 1\,240\,000\,000）= 1.92\ 年$$

表 5-2　　贴现回收期

项目	第 0 年	第 1 年	第 2 年	第 3 年
净现金流（美元）	−2500	1500	1500	1500
贴现现金流（美元）	−2500	1364	1240	1127
累积现金流（美元）	−2500	−1136	104	1231

当现金流被折现时，投资回收期会比较长。当使用投资回收期法中的两个变量进行项目排名时，排名会产生冲突。当收支平衡时，投资回收期法是没有差异的。定期投资回收期法表明，现金流等于现金支出。相反，贴现回收期法表明，现金流等于现金支出、债务和股权成本的总和。

使用投资回收期法有几个好处。它揭示了项目的流动性，易于理解且比较直观。它也回答了现金在项目中被占用的时间。定期投资回收期法的一个缺点是，它忽略了货币的时间价值。两种方法的共同缺点是它们没有考虑到回收期之后的现金流。这可能会导致净现值为正的项目被放弃，而净现值为负的项目被承接。

风险和决策

商业决策常常会使用预测。由于预测通常是基于假设作出的，因此不确定性会使预测结果不太准确。为了降低作出错误决策的可能性，管理者会使用决策树和模拟工具来测试可选方案以及诸多可能性。

决策树

在进行序贯决策时，决策树十分有用。它们迫使决策者仔细考虑所作的所有假设。另外，在决策过程中，决策树包括了任何假设的不确定性。决策树可被用于多个行业的多种场景。律师使用决策树来决定是否上诉；石油公司使用决策树来决定是否钻探石油；生产商使用决策树来指导新产品开发决策。

在设计和使用决策树时，必须注意以下三个组成部分：第一，一种以上的选择（可选项）；第二，事件发生的概率；第三，每种选择的回报（净现值、利润和成本）。

那么，在实践中，决策树是如何被使用的呢？以下例子将对此作详细说明。一个管理团队需要决定新建的制造工厂的面积，他们面临两个选择：（1）建一个小型工厂；（2）建一个大型工厂。为了作出最佳决策，该团队认识到准确的需求预测是非常重要的。他们也知道，需求预测是永远不会做到完全准确的。该管理团队已经收集到了有关支付（现金流量、收入项目、需求预测）以及或高或低的需求的概率。管理层已经构建了一个决策树，来帮助他们决定要作出何种选择，才会实现企业和股东价值的最大化。

具备了这些知识就可以构建决策树了。决策树要按照从左至右的顺序构建，按照从右至左的顺序解决问题。如图 5-3 所示，方框 1 表示决策 1。应当建大型工厂还是小型工厂？决策树中的圆圈表示事件的发生概率。需求偏高有 70% 的可能性，需求偏低有 30% 的可能性。方框 2 表示需要作出的序贯决策 2。第二阶段的决策取决于第一阶段的决策以及需求的高低。例如，如果建立小型工厂，而需求却很高，那么就需要重新作出决策。决策者可以什么都不做，也可以要求加班以满足更高的需求，或者扩建小型工厂。每一个决策都有一个预期收益与之关联。在这个例子中，净现值表示回报。

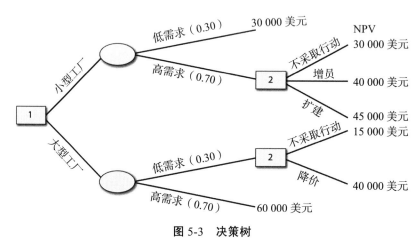

图 5-3　决策树

要一次解决决策树的一个分支。从右至左的分支都有一个回报和回报概率。

分支 1 小型工厂和低需求：30 000 × 0.30 = 9000 美元

分支 2 小型工厂和高需求：45 000 × 0.70 = 31 500 美元

为什么选择花费 45 000 美元来扩建工厂，而既不选择 40 000 美元增加人手，也不选择 30 000 美元不采取任何行动呢？因为我们应当选择回报最高的项目。

分支 3 大型工厂和低需求：40 000 × 0.30 = 12 000 美元

分支 4 大型工厂和高需求：60 000 × 0.70 = 42 000 美元

将（1）建造小型工厂及（2）建造大型工厂这两种选择进行加权平均计算。管理团队会选择具有最高期望值的选项。第二个选项具有 54 000 美元的最高预期价值，因此应当选择建立一个大型工厂。

选择 1 建一个小型工厂（分支 1 和 2）：9000 + 31 500 = 40 500（美元）

选择 2 建一个大型工厂（分支 3 和 4）：12 000 + 42 000 = 54 000（美元）

仿真模型

仿真模型是一种试图再现真实场景的数学模型。各种金融和运营设置都可以应用仿真模型。继续前文关于净现值的例子，净现值几乎等同于预计投入（比如收入、成本和需求模式），这些投入本质上是不确定的。带着这种不确定性，每个投入都是基于最佳的猜测，从而使净现值接近现实。

相反，仿真模型将不确定性融入变量，使我们了解了变量的概率性分布。仿真模型会运行成千上万次（这被称为"复制"），输出结果提供了一系列的净现值的可能性。这一系列可能性包括了所有可能的最坏和最佳场景。在净现值的例子中，三年内的现金流预计是 1 500 000 000 美元；然而，现实的现金流有可能高于或者低于 1 500 000 000 美元。如果预计现金流和净现值是基于使用单位售价为 20 美元所作的预计收益，考虑到竞争和市场环境，那么实际的单位售价就应当为 10 ~ 30 美元。仿真模型将展示一系列基于价格分布的净现值。

仿真模型有诸多优点：第一，它提供的是全部值，而不是单一值；第二，管理者可以通过只改变输入而实际不改变任何物理属性进行实验例如，无需改变飞机内部或者售票柜台的配置，航空公司管理者就可以了解流程的变化和布局将如何影响登机或者检票时间；第三，管理者可以使用较少的数据来准确预测现实中将发生的事情。这些优点将帮助企业节省大量时间和金钱。

盈亏平衡分析

认真思考一下你的企业将要推出的新产品，或者企业目前在售产品。每种产品都有其生产和销售的固定成本和可变成本。可变成本与生产额外的单位产品相关。总的可变成本会随着生产水平的升降而增减。固定成本也与产品生产相关。然而，基于生产量，总的固定成本一般不变。工厂在正常运营中会产生固定运营成本，包括租赁、添置设备和货架、自动化、纳税以及支付工资等。这些都是固定的金额，而且它们的支付取决于生产数量，究竟是生产 1 个单位还是 100 个单位。

盈亏平衡分析为管理者提供了引入新产品、开展促销活动以及进入新市场的信息。管理者希望知道需要销售多少产品才可以实现盈亏平衡。盈亏平衡数是在既定的单位售价下，能够覆盖固定和可变成本的销量。盈亏平衡时，收入的总成本等于收入，企业没有盈利，但是也没有赔钱。了解企业的固定成本和可变成本对于管理者而言是至关重要的，否则他们有可能作出非常糟糕的竞争决策。如果竞争对手降低价格，企业管理者也尝试降价，直至最低价格，那么他必须明白最低价的临界值是多少才不会使利润变成损失。

盈亏平衡的基础公式是：

$$盈亏平衡点 = 固定成本 / （单位售价 - 可变成本）$$

图 5-4 显示了收入、固定成本和可变成本之间的关系。随着单位产品被生产和出售，收入和总成本会随之增加，而固定成本会保持不变。总成本包括可变成本和固定成本。在某一时刻，总收入等于总成本，这就是盈亏平衡点（收支平衡量）。

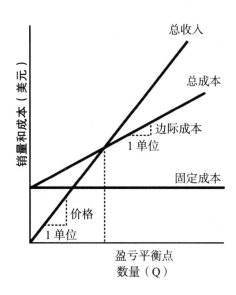

图 5-4　盈亏平衡分析

　　例如，一家公司正在销售的耳机单价为 150 美元，该公司每月的固定成本为 10 000 美元，可变成本为每单位 16.50 美元。为了实现盈亏平衡，该公司每个月需要销售多少个耳机？

$$盈亏平衡点 = 10\ 000 / （150–16.50） = 75（个）$$

　　为了实现盈亏平衡，该公司每月需以 150 美元的价格销售 75 个耳机。如果单价不变，而销量少于 75 个，那么企业会出现亏损。然而，如果单价不变，而销量多于 75 个，企业将会获得利润。市场将会决定每月以 150 美元销售 75 个耳机是否有可能实现。使用盈亏平衡公式和仿真模型允许管理层尝试改变成本和收入。例如，如果耳机能够以 160 美元的单价售出，那么每月只需销售 70 个就可以实现盈亏平衡。另一个选择是迫于竞争压力而降价，那么如果单价降至 125 美元，需要出售多少个耳机才能实现盈亏平衡呢？答案是 92 个。我们要问的下个问题与产能和销售能力有关，即每月是否能够生产并销售 92 个耳机？再接下来，管理层想要知道成本降低是如何影响盈亏平衡点的。

　　现在，我们来看下盈亏平衡公式的分母：

$$单位边际贡献 = 单位售价 - 可变成本$$

单位边际贡献是扣除所有可变成本后的剩余收入。

$$单位边际贡献 = 150 - 16.50 = 133.50 \text{ 美元}$$

133.50 美元的边际贡献意味着该公司每销售一个耳机，就需要 133.50 美元来支付固定成本，并贡献给净收益。

边际贡献率也深受管理者喜爱。

$$边际贡献率 = 单位边际贡献 \div 单位售价$$

$$= 133.50 \div 150 = 0.89 = 89\%$$

89% 的边际贡献率意味着每 1 美元的收入中，有 0.89 美元可以用来支付固定成本并贡献给净收益。

管理者希望了解的另外一个有用的数据是实现收支平衡所需的收入。这个数据可以使用以下公式计算得出：

$$收入盈亏平衡点 = 盈亏销量 \times 售价$$

$$= 75 \times 150 = 11\ 250 \text{ 美元}$$

在很多情况下，管理层会设置一个目标净收益水平。除了要决定销量或者销售收入目标之外，管理层还需确定需要多少单位。那么管理层如何确定需要卖出多少单位或者需要多少销售收入才能实现净收益目标？边际贡献率可以用来回答这个问题。

$$要求销量 = （固定成本 + 目标净收益） \div 单位边际贡献$$

$$= （10\ 000 + 15\ 000） \div 133.50 \approx 187 \text{ 个}$$

$$要求销售额 = （固定成本 + 目标净收益） \div 边际贡献率$$

$$= （10\ 000 + 15\ 000） / 0.89 \approx 28\ 090 \text{ 美元}$$

盈亏平衡分析与购买决策

盈亏平衡分析可以被用于生产或者购买分析，还可以作为供应商比较工具。企业可以根据生产力和设备能力来确定是否将制造或者其他业务流程外包。盈亏平衡分析在这些决策中十分有用。在这些情况下，固定成本、可变成本和预计生产量是应当关注的重点，而单位价格则不一定是重点。盈亏平衡分析在这类例子中也被称为本量分析。

当固定和可变成本确定时，而且需要基于生产水平审核成本时，本量分析非常有用。当面临一系列生产要求时，生产和购买哪个才是更好的选择呢？使用本量分析将能够回答这个问题。

生产项目的成本是除了生产的单位数量以外，固定成本和可变成本的函数（如表 5-3 所示）。

表 5-3　　　　　　　　　预计成本和年度需求量

成本	制造	购买
固定成本（美元）	1 500 000	500 000
可变成本（美元）	125	250
年度需要量（单位）	10 000	

$$生产总成本 = 固定成本 + （可变成本 \times 总产量）$$

接下来，盈亏平衡点和生产或者购买的总成本为：

$$生产总成本 = 1\,500\,000 + （125 \times 总产量）$$

$$购买总成本 = 500\,000 + （275 \times 总产量）$$

单位盈亏平衡为：

$$制造总成本 = 购买总成本$$

$$1\,500\,000 + 125（x） = 500\,000 + 250（x）$$

$$1\,000\,000 = 125（x）$$

$$x = 8000 \text{ 单位}$$

$$\text{盈亏平衡时的总成本} = 1\,500\,000 + (125 \times 8000)$$

$$= 2\,500\,000 \text{ 美元}$$

或者

$$\text{盈亏平衡时的总成本} = 500\,000 + (250 \times 8000)$$

$$= 2\,500\,000 \text{ 美元}$$

如果每月的需求量是 10 000 个单位，盈亏平衡需要 8000 个单位，那么我们需要将生产外包还是继续自己制造（如图 5-5 所示）？

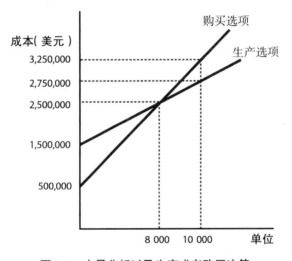

图 5-5　本量分析以及生产或者购买决策

$$\text{生产总成本} = 1\,500\,000 + 125 \times 10\,000 = 2\,750\,000 \text{ 美元}$$

$$\text{购买总成本} = 500\,000 + 275 \times 10\,000 = 3\,250\,000 \text{ 美元}$$

两种选择的成本差额为 500 000 美元，所以内部制造更有利。

常见的假设成本是线性的，然而情况并不都是这样。随着销量的增加，固定成本有可能会逐步增加（如图 5-6 所示）。随着销量增加，生产能力提高，导致固定成本因增加班次、劳动力和设备等活动增加。另外，产量低的小企业可能无法在购买时获得折扣，但随着企业的发展，它们也能够实现这一点。生产水平不断提高的大企业可能由于加班而出现工资大幅上涨。

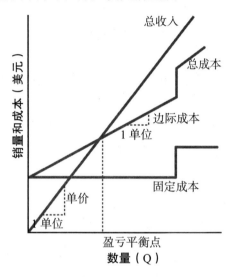

图 5-6　本量分析与非线性成本

随着产量的增加，总成本会增加。然而，随着产量的增加，每单位的总成本趋于下降，因为固定成本被分摊给了数量更多的产品。这种现象被称为规模经济。当产量增加而单位成本下降时，规模经济就会十分明显。产量增加而单位成本增加即被视为规模不经济。

在实践中，由于客户需求不同、销售价格差异、成本波动和产能水平的变化，企业很难准确计算出盈亏平衡点。然而，盈亏平衡分析依然是一种很有用的分析方法，它为企业提供了很多有用的洞见。

实物期权

很多项目投资决策是在对各种项目进行了深入分析后作出的。决策是基于以下分析和假设作出的：公司在项目前期投入大笔资金，如果项目失败，将失去多数投资。这种方法极具风险，因为商业环境瞬息万变。如果促使项目被选择的假设条件已经改变，那么该项目的可行性可能会受到严重质疑。同样，一个原本看似不可行的项目也有可能因为商业环境的改变而变得可行。

最小化项目风险和提高项目成功率的方法之一就是使用实物期权法。使用这种方法意味着项目前期的投资将减少，而且随着项目的推进，投资将增加。随着项目的推进，前期作出的假设会根据最新的信息而更新，管理层可以利用这些信息作出关乎未来的决策。利用最新的信息可以减少项目的不确定性，这意味着项目的风险会更小。因此，管理层可以对持续投资、加速项目时间表、推迟进一步投资以及结束项目等作出更明智的决策。通过使用实物期权，管理层能够根据最新的信息作出序贯决策，这会降低项目的不确定性和风险。

第 6 章　项目管理

Financial Intelligence for Supply Chain Managers

企业承接项目一般出于以下几个原因：项目可以提高企业的价值，增加股东的财富，帮助企业保持其市场竞争力。项目可以通过增加现金流入和减少现金流出帮助企业实现这些目标。管理项目是企业成功的关键组成部分。如果一家企业经常选择不合适的项目或者项目经常失败，那么该企业的财务绩效和声誉将会严重受损。因此，成功的项目选择、实施和完成至关重要。

虽然项目都是为了能够在一定程度上改进企业的经营情况，但是其在规模、范围和关注点上有着千差万别。企业内部经常会实施一些 IT 项目，比如交通规划、仓库管理以及合同管理系统。这些类型的项目旨在改善组织在整个供应链中的沟通和效率。企业内部的其他核心项目可能会关注：

1. 提升客户体验；
2. 改善研发流程（加快新产品发布）；
3. 六西格玛改进；
4. 建造或者改造设备（新的分销策略）。

有些企业是项目型企业，其完全基于项目而存续。建筑公司就是这样的例子，它们建造大厦、房屋、桥梁和道路。其他企业有的建造过山车，有的出品电影或者制作音乐。这些项目服务于外部客户，所以实际上是在企业之外完成，并不是为了企业改善。

值得注意的一点是，项目与流程不同。流程是企业用以发挥其职能的重复性工作。而项目有着更明确的界限。典型的项目具有以下特点：

1. 复杂的、一次性的努力；
2. 拥有有限且明确的预算；
3. 拥有有限的资源；
4. 具有时间框架，即明确的起止时间；
5. 有明确的目标。

管理项目

项目管理至关重要。如果一家企业的项目管理水平欠佳，即使项目再好，也会对企业造成不良影响。这种情况并不少见，我们以 WAWA 公司和 RaceTrac 公司为例。它们都是便利店和加油站连锁公司，它们相互竞争，门店距离都很近。在美国佛罗里达州东南部，两家公司几乎同时开工建设门店，但是一家公司比另一家提前数月完工。通过项目管理策略，率先完工的这家公司更有效地执行了项目。事实说明，能够更有效地管理资源、时间和风险的公司将会拔得行业头筹。店面完工意味着收益流动更快，贷款偿还更快速，而利息支出得以减少。通过执行项目超越竞争对手的公司将建立起竞争优势。

了解项目的有效执行是项目管理的关键。比如 WAWA 公司，其门店建设项目的实施全过程可能包含：

1. 获得施工许可证（36 天）；
2. 雇用分包商（36 天）；
3. 挖掘土地（21 天）；
4. 灌注混凝土地基（7 天）。

以上列出了四项待完成任务以及完成每项任务的预估时间。问题是完成四项任务需要多长时间？答案取决于项目经理如何解决这个问题。第一位项目经理会将预估时间加总，并且表示需要 100 天完成所有任务，而且只有完成一项任务后，下一项方能开始（如图 6-1 所示）。

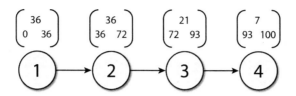

图 6-1　WAWA 公司的项目（36 天 + 36 天 + 21 天 + 7 天 = 100 天）

第二位项目经理由于采用了不同的处理方法，可能会得出不同的预估时间。获得许可证和雇用分包商这两项活动可以同时进行，从而减少项目的总天数（如图 6-2 所示），即仅需 64 天即可完成该项目。

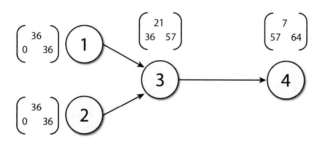

图 6-2　WAWA 公司的项目（修改版 1：36 天 + 21 天 + 7 天 = 64 天）

第三位项目经理也许有着更多的项目管理经验，其给出的预估时间又有所不同。与第二位经理一样，他认为获得许可证与雇用分包商可以同时进行；挖掘土地只需要 17 天，而不是 21 天，所以只需要 60 天就可以完成项目（如图 6-3 所示）。虽然图 6-3 与图 6-2 没有什么区别，但是任务时间变了。

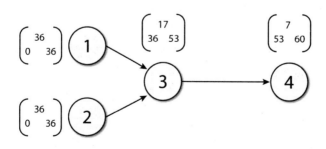

图 6-3　WAWA 公司的项目（修改版 2：36 天 + 17 天 + 7 天 = 60 天）

哪一位项目经理的决策是正确的？虽然每个决策都是可行的，但是其中一个决策可能比另外两个更合理。可以这样说，更有效率地规划并执行项目的企业会比其竞争者创造更多利润和价值。减少项目完成的天数将使企业、股东和客户受益。有效的项目管理使成本实现了最小化，股东和客户满意度也得到了提升。所以这样看来，60 天比较合理。

工资、设备租赁和贷款利息是将成本可以降到最低的典型领域。不过，降低成本并不是一家企业可能想要提早结束项目的唯一原因。如果及早交付项目，企业可能会获得一笔奖金。按时或者提早完成项目也可以避免昂贵的罚金。项目早早竣工，现金流开始流动，企业就可以在短期内实现收支平衡。

项目的成功与失败

项目的成功实现并不容易。各种挑战都可能毁掉一个项目。那么，我们应当如何衡量一个项目的成功呢？如果一个项目实现了既定目标、按时交付、控制在预算范围内、实现了最初承诺的规格和价值主张，那么我们就可以认定该项目是成功的。

选择合适的项目是项目实现成功的第一步。然后，就要专业地执行，并且以开放的心态从整个过程中汲取经验。利益相关者以各自不同的方式决定了项目成败，很多时候，他们彼此之间存在着利益冲突：消费者关心产品的安全性；供应商感兴趣的是开放的沟通和需求的可预测性；政府专注于合规性；股东更关注盈利能力；而项目的管理者可能会寻找各种办法获得奖励。

很多项目已经被成功执行，而且得到了检验，成功项目的共同特质也趋于明显。成功项目的特质包括：

1. 自由沟通；
2. 定期报告；
3. 定期更新利益相关者的信息；
4. 积极的风险管理；
5. 将工作分解成易于管理的部分。

同样，仔细观察项目也能够归纳出导致项目失败的共同点。积极的项目管理对项目成功至关重要。如果没有适当的项目管理，成本就可能增加，交货日期可能会错过，而且客户和利益相关方的满意度会迅速下降。常见的失败原因包括：

1. 项目范围频繁变动；

2. 无效的规划和调整；

3. 无效的成本估算和控制；

4. 无效的风险管理；

5. 目标不明确；

6. 领导力不佳；

7. 团队承诺未实现；

8. 解决问题不及时；

9. 沟通不及时；

10. 信息不准确、不及时；

11. 项目资金不足。

总的来说，成功地完成一个项目会有很多优势。企业不仅能够在行业内保持正面形象，而且还将从超过预期的现金流中获益，这些现金流是成本节约和收益增加带来的。另外，企业还降低了因诉讼或者长期债务融资（利息支付）导致的罚款或者股东价值缩水的概率。

项目选择

资本预算通常由企业的财务部门负责。规模较小的企业可能没有专门的财务部门或者项目部门。在这些情况下，企业将组建一个由各个部门经理组成的团队来决定项目的去留。项目提议来自组织的各个部门，因资金有限，竞争会十分激烈。能够增加现金流入从而为企业和股东创造价值的项目，往往最有机会被通过。然而，并非所有的项目提议都是公平和道德的。为了使提议获得通过，一些项目甚至通过宣称过于乐观的收入和成本的节俭而进行不公平竞争。有些经理认为项目的立项与他们的升职相关，这就使商业项目的竞争趋于白热化。无论是有意还是无意，这种不公平为企业的发展埋下了一定的风险。如果预测结果与现实不符，那么有些潜在因素就会阻碍企业的发展。即使有准确的预测，一些企业也不愿意承担那些前景看好的高价值项目，因为它们意识到，初始投资将拉低它们的财务比率。这种观点虽属短见，但在企业中并不少见。

在前面的章节中，我们已经介绍了企业如何选择项目。在选择项目时，我们经常会用到财务分析工具，比如净现值、内部收益率、投资回收期和投资回报率，这些比率有助于企业决策者甄别哪些项目是可以增加企业价值并且是可承接的。在现实中，企业的资源（比如现金）是有限的，而且不能承接所有有价值的项目。管理层必须使用适当的方法来决定究竟选择哪个项目。企业的目标应当是在预算范围内实现净现值的最大化。整数规划和获利指数（Profitability Index，PI）可以根据预算对项目进行排序和选择。

表6-1列举了五个潜在的增值项目，这些项目拥有正净现值和获利指数。然而，承接五个项目所需的现金要多于可用现金。

表 6-1　　　　　　　　　　　选择项目：整数规划和获利指数

项目描述	项目	所需现金（美元）	净现值（美元）	数量	总共所需现金（美元）	总净现值（美元）	获利指数
运输管理系统	1	4500	10 000	1	4500	10 000	1.22
升级回收循环系统	2	5000	10 500	0	0	0	1.10
仓库管理系统	3	5500	12 000	0	0	0	1.18
改造天然气卡车	4	6500	14 000	1	6500	14 000	1.15
网络规划系统	5	6500	18 000	1	6500	18 000	1.77
预算		17 500		3	17 500	42 000	

获利指数与净现值分析有关。对于那些初始现金支出会伴随一系列现金流入的简单项目来说，当我们无法作出选择时，获利指数不失为一个好办法，它可以对项目进行排列并加以取舍。此时，获利指数是项目现金流入的现值除以项目初始的现金流出。

$$获利指数 = \frac{\frac{C_1}{(1+r)^1} + \frac{C_2}{(1+r)^2} + \frac{C_3}{(1+r)^3} + \cdots + \frac{C_n}{(1+r)^n}}{CF_0}$$

使用前面的章节中提到的例子，可以先估算出预期现金流入，再计算它们的现值。例如，第一阶段的预期现金流入为 1500 美元，用 10% 的贴现率计算出现值。

$$\text{获利指数} = \frac{\dfrac{1500}{(1+0.10)^1} + \dfrac{1500}{(1+0.10)^2} + \dfrac{1500}{(1+0.10)^3}}{2500}$$

那么，第一阶段的现金流入的现值为 1363.64 美元。三年的现值加总后除以初始现金流出（初始投资）2500 美元，即

$$\text{获利指数} = \frac{1363.64+1239.67+1126.97}{2500}$$
$$= 1.49$$

获利指数大于 1 表明现金流的现值比投资额高，该项目可以承接。但是需要注意的是，如果获利指数大于 1，那些净现值将大于 0，根据获利指数或者净现值都能作出一致的决策来决定接受或者拒绝某个项目。

从整数规划分析来看（如表 6-1 所示），应该选择项目 1、项目 4 和项目 5。17 500 美元的预算得到了 42 000 美元的总净现值。其他组合都降低了净现值或者超出了预算。获利指数分析表明，项目的选择顺序应当为项目 5、项目 1 和项目 3，其他项目应放弃。企业应当选择获利指数最高的项目，直到用完分配的预算。如果企业依次承接这三个项目，可以使用 16 500 美元的现金预算剩余 1000 美元。因为项目 2 和项目 4 需要的现金多于 1000 美元，因此其他项目都无法实施。此时，三个项目的净现值总额为 40 000 美元。

虽然在项目选择时进行财务分析很重要，但是企业也需要考虑其他一些因素。影响项目成功选择的因素还应当包括以下几点。

1. 阻碍项目成功和完成的风险：
   a. 组织风险；
   b. 财务风险；
   c. 发展风险。
2. 内部经营问题：

      a. 执行和实施项目的能力；

      b. 经营和生产设施的变化；

      c. 员工培训和发展。

  3. 项目执行期间的债务融资能力。

在从项目组合中选择项目之前，管理层应当考虑项目战略与企业的契合度、现金流的时机以及企业的能力、技能和专业度。企业在实施项目的过程中需要资源、专业的项目经理以及技术熟练且合适的团队成员。另外，项目选择和评估流程的最后一步是管理者和执行者必须回答两个问题：（1）我们可以做到吗？（2）我们应当做吗？

项目实施

运营专家可以在项目实施领域大显身手，他们对企业财务的成功（或者失败）有着重要影响。如果项目执行得好，预算超支的可能性就会降低，出现现金流周转迟缓以及利益相关者不满意的可能性也会降低。运营专家肩负的任务包括：

  1. 估算作业时间；

  2. 构建项目网络；

  3. 减少作业时间；

  4. 缩短项目总工期；

  5. 管理风险。

在本章中，交通管理系统被选作一个项目来承接。项目经理的职责之一就是开发一个项目网络、确定需要完成的作业以及每项作业需要多长时间完成。为了说明这些，表6-2列出了交通管理系统实施项目的一个子集，其中包括该项目的作业内容、预计作业时间和作业时间的相关差异。

表 6-2　　　　　　　　　　项目时间估计（天数）

作业	工序	乐观	最可能	悲观	期望时间	差异
迁移	1	30	36	40	35.67	2.78
部署	2	28	30	35	30.50	1.36

续前表

作业	工序	乐观	最可能	悲观	期望时间	差异
测试	3	15	17	18	16.83	0.25
交付客户	4	6	7	11	7.50	0.69
关键路径					60.00	3.72

作业时间很难估算，然而，估算出准确的作业时间是非常重要的。准确的估算有以下作用：

1. 为项目的完成日期设置合理预期；

2. 更准确地估算费用；

3. 适当地分配资源；

4. 更有自信地预测盈亏平衡和现金流。

精确的作业时间估算往往是根据过去项目的经验得出的，但是在很多情况下，可供参考的经验并不多。有多种方法可以用于估算作业时间，我们将详细介绍其中的一种。

比起其他预测方法，邀请一支专家团队来估算作业时间是使用较多的一种方法。在估算作业时间时，团队成员首先要为每项作业确定三个可能完成的时间。他们首先会估算出一个悲观的完成时间，即实施过程可能会遇到困难，以至于延误完工时间。然后，他们会估算出一个最有可能完工的时间。最后，他们会估算出一个乐观的完工时间，即实施过程很少遇到困难，而且作业可能被提早完成。图 6-4 展示了这三个估算值。在最有可能的时间范围内完工的概率较高，而提前完工的概率较低。同样，在这种情况下，必须延长作业周期才能完工的概率也较低。需要注意的是，这种分布属于偏态分布。最有可能的时间会在乐观时间与悲观时间之间移动，不一定位于两者正中。

三个估算值被确定后，将其带入以下公式就可以计算出整体预期作业的完成时间：

$$t = \frac{a+4m+b}{6}$$

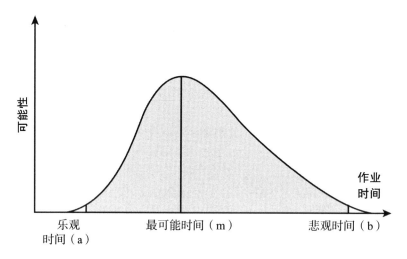

图 6-4　三个估算时间的分布 [1]

　　以作业 1 "迁移"（如表 6-2 所示）为例。专家们对该作业可能的完成时间作了三次预估。他们希望迁移最有可能在 36 天之内完成，但是如果事情未按计划进行，可能要 40 天才能完成，或者如果一切进展顺利的话，可能只要 30 天就可以完成。使用公式计算得出，完成迁移作业的预计时间为 35.67 天。

$$\frac{30+4\times36+40}{6}=35.67\ 天$$

　　管理层需要认识到，作业时间的长短是不同的。这种估算方法有助于他们认真审视风险，而这种风险可能会导致某项作业被延迟或者严重到威胁整个项目的进展。预测作业时间应当包括与延迟相关的风险。天气和自然灾害、资金、使用低成本劳动力、范围调整以及项目变化都可能导致延迟。

　　量化可变性为预测项目可能的完成时间范围提供了洞察。了解了这一点有助于企业有效地管理资源，控制成本和支出。作为一种风险的度量，方差最大的作业往往最令项目经理头疼。这些作业都存在着无法按时完成的风险。如果这些作

① Heizer J and Render B, *Operations Management: Sustainability in the Supply Chain*, 11th ed. Upper Saddle River, New Jersey: Prentice Hall; 2013.

业没有得到妥善的管理，那么很有可能会无法控制成本和时间。

使用以下公式可以发现每项作业的差异：

$$\sigma^2 = \frac{(b-a)^2}{36}$$

继续使用上文中迁移的例子，迁移的方差为：

$$\frac{(40-30)^2}{36} = 2.78 \text{ 天}$$

在四项作业中，迁移作业的方差最大，因此该作业需要项目经理更多的关注。

完成计算每项作业的预期完成时间和方差后，下一步是要创建一个项目网络图。需要记住的是，项目网络的构建至关重要。设计不当的网络通过不必要的项目扩展会花费企业一大笔钱。

图 6-5 展示了实施交通管理系统项目的四项作业，其中包括计算好的预期作业时间。

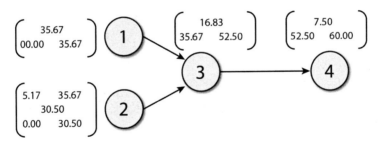

图 6-5 交通管理系统的项目网络图

如图 6-5 所示，项目会有多条完成路径。为了完成一个项目，项目作业必须沿着某些特定路径来完成。路径的选择取决于在其他作业开始之前，哪些作业必须被首先完成。这种特殊项目有两条路径：路径 1–3–4 和路径 2–3–4。请注意，每项作业包含该作业可以开始的时间、预估的将要花费的完成时间以及期望的作业完成时间。例如，作业 1 的开始时间是 0，预计需要 35.67 天完成，因此这项作业应当在距现在 35.67 天后完成。当作业 1 完成（作业 2，在距现在 30.50 天后完成），作业 3 就可以开始。由于作业 1 在距现在 35.67 天后结束，作业 2 在距现在 30.50 天后结束，那么作业 3 就可以从 35.67 天后开始。将 35.67 和 16.83（作业 3 预计花费的时间）相加就可以估算出作业 3 的完成时间，即该项目启动后 52.50 天。注意，作业 4 显示的结束时间是 60 天，也就是整个项目的预计持续时间。通过加总每条路径的作业时间，我们发现，路径 1–3–4 预计需要 60 天，而路径 2–3–4 预计需要 54.83 天。

路径 1–3–4 是时间最长的路径，它被认为是关键路径。在每个项目网络中，至少有一条路径被认为是关键路径。这一条路径至关重要，因为它是最长的路径，而且该路径中任何一项作业的任何延迟都会导致整个项目的延迟。关键路径决定了该项目将需要多长时间才能完成。

确定关键路径非常重要，因为如果在关键路径上的作业没有高优先级或者没有管理好，项目就可能存在被延迟的风险。但是，如果在非关键路径的作业没有得到积极管理，也有可能导致项目延迟。

回顾实施交通管理系统的案例（如图 6-5 所示），我们会发现作业 2 有两个开始时间，即 0 和 5.17。作业 2 和作业 1 可以在同一时间（0）开始，或者可以在 5.17 天后开始。这怎么可能？为什么是 5.17 天以后呢？请记住，作业 3 开始的前提是作业 1 和作业 2 必须被完成。如果两项作业一共需要 35.67 天完成，而作业 2 只需要 30.50 天即可完成，那么作业 2 的开始时间可以被推迟（35.67–30.50 = 5.17 天），直到项目启动后的 5.17 天。可能开始的时间与必须开始的时间的差值被称为浮动时间。作业 2 有 5.17 天的浮动时间。另外，需要注意的是，关键路径上的所有作业都没有浮动时间。如果作业 2 被延迟超过 5.17 天，那么整个项目就将被延迟。

为什么这会如此重要呢？哪些作业有浮动时间而哪些没有，这就需要我们确定其中的含义。在这些情况下，真正的驱动因素是现金支出的时间。请记住，在使用净现值和内部收益率对项目的财务可行性进行分析时，现金流入和流出的时间是一个重要的考虑因素。出于研究目的，现在请你考虑延迟作业 2 的开始时间。通过延迟作业 2 的开始时间，作业 1 不再需要的一些资源（比如人）可用于作业 2，从而降低了人员和工资的数量。相反，如果作业 1 没有多余的资源可用，工资类的花销可以稍后支出。通过有效地管理现金流出的时间，该项目完成之前耗尽现金的风险会降低。更好的是，现金可用于其他业务需求。

为了进一步说明为什么等待可能是有益的，让我们回想一下 WAWA 公司的例子。作业 3 是挖掘土地，作业 4 是灌注混凝土地基。在施工过程中，将挖掘设备、混凝土运输车、工人和必要的库存一起准备好是完全有可能的，但是应当这样做吗？实践准时制生产的理念是有可能缓解对空间、库存和现金流的担忧的。施工现场可能很难有足够的空间容纳所有库存。同时，现金支出也需要考虑。是否有足够的现金可用于开支，或者企业是否要在不得不支付时才支出现金？现在支付现金意味着企业早在物料和人员就位前就去购买库存和支付劳动报酬了。

项目完成

不可避免的是，参与项目的相关人员会提出缩短项目完工时间的需求。减少作业量和缩短项目时间是项目和业务经理的一项重要职能。缩短项目周期既可能会获得奖励，也使企业避免了延期赔偿，使企业立即产生现金流入，更快速地创造企业价值，并且腾出资源，将资源重新分配至新的或者即将开展的项目中。细致的网络规划、减少不必要的工作、同时（连续的）进行作业以及缩短活动时间都可以缩短项目时间。把资源从非关键路径上转移至关键路径可以缩短作业时间，而运营经理在这方面能够发挥重要作用。他们也可以安排赶工，赶工意味着为缩短关键路径作业增加资源，而不一定要转移资源。

当与一位想要提前 5 天完成交通管理系统项目的高管合作时，运营经理如何自信地给出答案呢？想要给出答案，就要计算实现这一目标的概率。我们可以通过找到 Z 值，并且使用正态分布表找到相应的概率来回答这个问题。

$$Z = \frac{新的持续时间 - 预期持续时间}{\sqrt{\sigma_p^2}}$$

Z 值是新的持续时间（或者目标日期）与预期持续时间（平均持续时间）的差值偏离标准偏差的程度。为了找到该项目的预期持续时间，我们需要加总关键路径上的作业的预计时间。请记住，关键路径由作业 1–3–4 组成。交通管理系统项目预计将持续 60 天，而且有将工期缩短 5 天至 55 天的要求。接下来，将关键路径作业的方差加总。这些作业的总方差为 3.72 天。取方差的平方根，可以得到 1.93 天的标准偏差。所以，Z 的值就为 –2.59。

$$Z = \frac{55-60}{\sqrt{3.72}}$$
$$= \frac{-5}{1.93} = -2.59$$

接下来，我们要从正态分布表中找到相应概率。很明显，提早 5 天完成交通管理系统项目的概率仅为 0.48%，这是非常低的概率，所以要求缩短项目工期的那位高管肯定不会满意的。值得注意的是，这种方法可能会提供不准确的项目完工预估。这是因为它仅基于当前的关键路径作出预估，而在实践中，其他路径往往会在项目执行过程中变成关键路径。有一种更可靠的估算完工概率的方法，那就是使用仿真模型。然而，运营经理可以使用另一种策略来尝试缩短项目工期。

为了缩短项目工期，管理者可以安排赶工。赶工完成一个项目意味着为了完成作业要缩短时间，从而比预期提前完成。赶工完成一个项目的主要目的是缩短项目的整体工期。了解了这一点，赶工的第一件事就是首先要选择合适的作业。为不合适的作业安排赶工，代价可能是昂贵的，而且对缩短项目工期也毫无益处。

哪些作业应当优先安排赶工？当决定优先为哪些作业安排赶工以缩短项目工期时，管理者需要考虑以下几个因素：

1. 减少某些作业；
2. 缩短早期作业；
3. 缩短最长期作业的时间；
4. 缩短最简单的活动的时间。

请记住，总体目标是缩短整个项目的工期。因此，当选择缩短工期（赶工）的作业时，首先要关注关键路径上的作业。例如，对于交通管理系统项目来说，缩短作业 2 的完成时间不会缩短整个项目的工期，它仍然需要 60 天。而无论缩短作业 1、作业 3 还是作业 4 的时间，都将改变整个项目的工期，这三项作业中任何一项的时间被缩短，整个项目的工期也会缩短相应的天数。

关键路径的浮动时间为零，而非关键路径上的作业则有浮动时间。为非关键路径上有浮动时间的作业安排赶工，将不会对整个项目的工期产生影响，而且可能还会浪费金钱。毕竟，缩短工期的方法是增加资源的数量，而这会花费更多的钱。

作业 1、作业 3 和作业 4 最适合安排赶工，那么应当先安排哪个呢？如表 6-3 所示的表格可以帮助我们回答这个问题。

表 6-3　　　　　　　　　　正常和赶工项目的时间和成本参数

作业	工序	期望时间（天）	允许赶工总时间	正常成本（美元）	赶工成本（美元）	赶工日成本（美元）
迁移	1	35.67	1	3000	4000	1000
部署	2	30.50	1	200	300	100
测试	3	16.83	2	700	1300	300
交付客户	4	7.50	3	1500	3000	500

我们以作业 4，即交付客户举例说明。据估算，完成这项任务需要 7.5 天。为该作业增加资源将可以缩短 3 天的时间，从而在 4.5 天内完成客户交付。但是，这将每天额外花费 500 美元来减少作业时间。在为作业 4 安排赶工之前，需要花费 1500 美元来完成此项作业。如果为作业 4 安排 1 天赶工，那么将花费 1500＋500＝2000 美元。如果这项作业需要安排 3 天赶工，将花费 1500＋500＋500＋500＝3000 美元。知道了这些，如果该项目要从 60 天缩短至 59 天，应当先为哪一项作业安排赶工呢？对于那些想要迅速采取行动而不花钱的人而言，作业 2 每天 100 美元的花费看起来像是一个不错的选择。毕竟，这是成本最低的作业。不过，回想一下，作业 2 并不在关键路径上，而且有浮动时间。因此，减少本项作业的时间并不能将项目工期缩短至 59 天。接下来的选择应当是作业 3（测试）。这项作业在关键路径上，而且在作业 1、作业 3 和作业 4 中，其每日成本也最低。理解应当优先为哪项作业赶工以及如何安排赶工顺序是一项需要我们学习的重要技能。掌握了这项技能，将会为项目节省不必要的开支。

典型赶工的方法包括增加资源或者安排加班。有些企业使用自己的员工，有些企业可能采用外包的形式，还有一些企业会组合使用以上两种方法。虽然缩短项目工期是可以实现的，但是还是有很多阻碍这个目标实现的实际问题。有人可能希望实际工作会按部就班地进行，然而研究表明，加班可能会导致完成率降低，士气低落，并容易使员工产生职业倦怠。企业需要时间来找到更多的资源，并且使所有员工的产能都处于同一水平。另外，工作质量也可能会受到影响，因为承包商做好每件事的动力会不一样。

项目和绩效管理树

为了总结企业要投资项目的原因，让我们从第 5 章的投资回报率和自由现金流有助于提升企业价值开始回忆（如图 6-6 所示）。我们的目标是实现更高的投资回报率和自由现金流，这可以通过提高营业利润（息税前利润）来实现。营业利润是由项目投资驱动而走高的。通过对项目的投资，企业尝试通过增加收入或者降低成本等方式推动营业利润的增长（如图 6-7 所示）。如果项目得到了有效管理，那么营业利润会更高，而所需的资本投资却可以最大限度地减少。管理层正在想方设法地提高税前利润占投入资本的比率。项目管理得好，企业也能很好地管理投资资本。

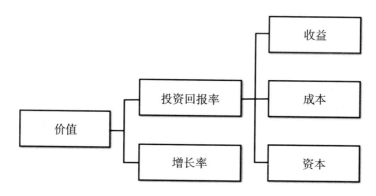

图 6-6　企业价值的驱动因素

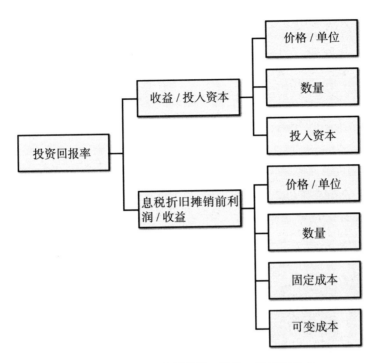

图 6-7 投资回报率树状图：价格、数量和成本

第 7 章　供应链网络设计和选址分析

Financial Intelligence for Supply Chain Managers

供应链网络的设计对于任何企业来说都是非常重要的，因为其设计会影响成本和客户服务的水平。对于供应链网络的设计，企业有多种不同的选择。同行业中的相似企业往往有着不同的供应链设计。然而，那些供应链网络设计良好的企业都有一个共同点，即它们的供应链设计与客户的需求以及企业的业务战略是一致的。但是，满足客户的需求和期望没有那么容易。提供的产品和服务的类型、物料和供应商的地理位置以及连接起所有这些的运输系统是摆在所有企业面前的难题。

企业战略与竞争力

越来越多的高管意识到企业要充分利用供应链来获得竞争优势。高效、精心设计的供应链能够带来更高的利润、更低的成本，并且让企业获得更好的运营绩效以及更高的消费者满意度。当然，最优模型是存在的，而且可以被用于设计供应链，从而实现运输成本最低、路程最短或者在途时间最少的目标。设计必须考虑除严格的量化措施以外更多的因素，它可以实现利润、服务水平等多方面的最大化。供应链设计需要企业权衡利弊，综合考虑成本、服务水平和环境的影响因素，以实现对本组织的最优化操作。一个被精心设计和管理的供应链可以为一个组织带来诸多好处，比如：

1. 及时将产品和服务交付至客户，提升客户的满意度；

2. 降低供应链总成本；

3. 最小化企业的财务和经营风险；

4. 减少环境对企业的影响；

5. 降税。

定义供应链网络设计是非常重要的。从本质上说，供应链网络是一个多片式拼图，也就是说，当组合在一起时，该网络允许物料、信息和资金以符合企业和商业策略的方式流动（如图 7-1 所示）。

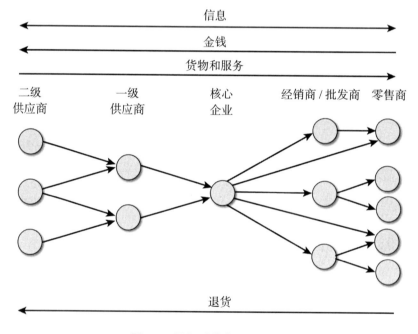

图 7-1　通用型供应链网络图

在设计供应链网络时，企业还需要考虑以下诸多因素：

1. 在供应链中需要设置多少层？

2. 选用什么样的供应商以及需要多少？

3. 设备放置在哪里？

4. 需要何种分销渠道？

在设计一个新的或者改变现有的供应链网络之前，除了业务战略，企业还必须明确自己的使命和目标。每位员工都应了解其管理者所设定的发展方向以及企业打算如何在市场上竞争。关键是他们要知道，企业是否打算在成本、可靠性和响应能力等方面竞争，因为它们影响着供应链的设计和财务绩效。毕竟，供应链管理可以帮助企业实现其使命和目标。

有了明确的经营战略，供应链专业人士就可以开始开发能够满足组织需求的供应链方式了。一个被精心设计且管理良好的供应链网络对一家企业来说是至关重要的。供应链战略、供应链网络以及该企业业务战略的联系必须明确。

供应链网络设计

供应链网络的设计必须考虑多种因素，比如供应商、制造商和装配工厂、分销中心以及仓库的数量和位置，这些都是比较明显的因素。除了这些，还有很多因素需要考虑。

供应链专业人员需要在设计的过程中考虑客户因素。例如，了解你的客户是谁以及他们的购买行为。归根结底，企业就是要满足客户的需求。当务之急是要弄清对你的客户而言什么是最重要的。所以，在设计供应链时，回答以下问题至关重要。

1. 客户到底想要什么样的产品和服务？
2. 客户愿意等待的产品和服务的交付时间是多久？
3. 客户愿意接受什么样的服务？
4. 客户愿意为哪些东西埋单？

交付产品或者服务的成本的重要性不言而喻。在客户愿意接受服务的范围内，企业愿意承担的产品或者服务的交付成本是多少？客户愿意为其所期望的服务水平支付多少钱？如果一个网络的设计旨在实现高服务水平，那么这可能会使企业的成本增加，从而导致入不敷出。

在供应链设计的过程中，产品或者服务是重要的考虑因素。产品的物理属性会影响供应链的运输能力。产品生命周期也是一个重要的考虑因素。

1. 产品是大是小，是重是轻？

2. 产品是否必须在客户所在地附近组装？

运输重量型产品（比如拖拉机）需要花费更高的成本，因此在客户所在地附近进行组装可能会降低运输成本。而笔记本电脑和移动设备可以在较远的地方进行组装，仍然能够以合理的成本及时运达。劳动密集型产业（比如服装行业）可能会将运营或者生产外包给亚洲或者中美洲国家，以获得低工资的优势。

3. 该产品是否有稳定的需求量和高需求量？

比起不那么有效却灵活的按订单生产的供应链，牙膏这种需求稳定、需求量大的产品更适合有一个有效的按库存生产的供应链。

了解产品处于生命周期的哪个阶段也很重要（如图 7-2 所示）。如果产品处于成长阶段，考虑到未来会改进设备和生产能力，供应链网络会更容易设计。如果产品处于衰退阶段，生产能力可能会逐步降低，而且固定资产可能需要被清理。

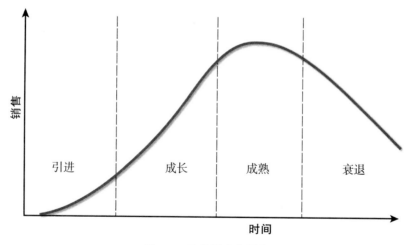

图 7-2　产品的生命周期

产品和服务的来源一直是设计供应链网络时需要考虑的因素。物料和服务可能只有在某些地方才能采购到。运输成本和客户的位置将决定我们是否要将原料运输到遥远的组装工厂，或者将组装工厂搬到容易获得原料的地方。企业也可以考虑将其供应商移至组装工厂附近，就像汽车行业的经营方式一样。地点分散会增加额外的风险。

很多企业高管都很关注降低供应链风险。企业普遍希望稳定经营，它们不喜欢惊喜，华尔街和股东也不喜欢惊喜。区域经济、政治气候以及其他相关的风险可能会严重影响企业乃至整个行业的财务和运营绩效。例如，如果政府任意征收关税，供应链无疑会受到影响。而且，企业还必须考虑诸如允许员工经常罢工或者货币估值波动较大等情形。了解供应链运营所处的环境有益于供应链设计，而且为了谨慎起见，企业最好根据其输出环境设计供应链。

除了风险，企业的高管还逐渐认识到企业的社会责任和可持续发展问题也是要重点考虑的因素。有的企业设计的供应链可以被用于减少碳排放。另外，企业正在认真审视供应商选择和监管政策，以确保员工受到公平对待，而且还能够为员工提供满足生活需求的工资和安全的工作场所。这些都影响着供应链设计。

以上就是有助于设计出一个有效供应链的几个关键因素，但是其他影响因素也必须要考虑。运作供应链也需要技术支持。有效地管理和运作供应链需要使用通信和信息系统。最后，还需要及时、准确地传输数据和信息。

选址

位置分析和选择是所有企业的重要课题。选址决策需要认真作出。供应链是全球性的，即使对于最小的企业来说亦是如此。尽管全球供应链也需要考虑，但是很多关于选址分析的内容也关乎地方性或者区域性地点。选址会对成本、服务、系统和通信的复杂性以及供应链风险暴露的水平产生影响。企业决定着购买材料的地点、商品生产的地点、商品的组装地和储存地以及出售地点。在为这些活动选址之前，企业要考虑以下因素：

1. 降低进口税和关税的贸易协定；
2. 稳定的货币；

3. 接近市场；

4. 接近供应商；

5. 接近材料和材料成本；

6. 劳动力可用性、技术、生产力、工会规则和工资；

7. 政府税收优惠；

8. 土地可用性；

9. 基础设施（包括交通运输业和公用事业）；

10. 降低风险（包括金融、政治和自然灾害）。

全球化运营有诸多优点。优点之一是能够获得优质的供应商，这些供应商可以为更高品质的材料提供更好的定价。另一个优点是企业可以获得技术人才和专业人才，实现更高的生产率。企业可能会发现，从字面上看，夜以继日地工作利用了时区的优势，有助于缩短产品的上市时间。更高的生产力水平以及产品上市时间的缩短会加快现金流入，从而为企业创造价值。

但是，全球化运营或者距离远也有缺点。这中间存在一些文化差异，节假日可能会影响商品和服务的流动。有些国家没有强制执行高劳动强度或者安全标准的法规，而且还容易受到货币汇率波动的影响。虽然跨时区增加了可用于生产的时间，但是也增加了与供应商和客户沟通的复杂性。

网络集中化是供应链高管们经常讨论的话题之一。围绕这些话题的对话有时非常艰难，特别是在谈到集中过程中需要关闭某项设备时尤为困难。找准某些国家的特点就有章可循了。表 7-1 展示了一些国家因素，有的国家倾向于在网络中减少设备（集中化），有的国家倾向于在网络增加设备的数量（分散化）。例如，某个汇率稳定的国家值得进一步研究。稳定的汇率有助于集中你的供应链。相反，如果一个国家汇率频繁波动，就应当考虑将网络分散，以降低汇率风险。

表 7-1 集中化和分散化的国家因素

国家因素	集中	分散
贸易壁垒，关税，税率	低	高
汇率	稳定	波动

续前表

国家因素	集中	分散
政府	稳定	波动
固定成本	高	低
值－总量比	高	低
产品／服务供应普遍需求	是	否

成本性态

当供应链网络的设计发生变化时，某些成本也会随之变化。随着分布式网络（如图 7-3 所示）中设备数量的变化，运输、库存和设备成本也会随之发生变化。例如，随着配送和仓储设备的增加，网络被分散化，总成本先会下降，然后再上涨。库存和设备成本增加，而运输成本先下降，后再次上涨。

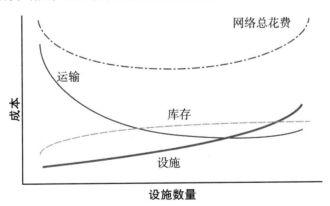

图 7-3　设备数量与成本的关系 [1]

随着设备数量的增加，管理和运营的成本也会随之上涨。为了满足现有的服务水平，库存成本的上涨产生了额外的安全库存需求。网络一旦分散化，消费者需求会产生变化，从而导致了安全库存的增加。最初，运输成本往往是降低的，因为从配送中心到交货点的出货距离缩短了。只要内向运输维持在规模经济范围

---

[1] Chopra S, Meindl P. *Supply Chain Management: Strategy, Planning, and Operation*. 5th ed.Upper Saddle River, New Jersey: Pearson; 2013.

内，成本就能够维持在较低水平。当内向整车运输（Full Truck Load，FTL）和 /
或整柜（Full Container Load，FCL）无法继续下去时，运输成本便开始上涨。随
着设备数量越来越多，运输成本开始上涨。单位出货成本往往会较高，因为出货
一般都是小批量，而入货批量一般都较大。

　　响应时间是服务客户所花费的时间，它同样受到分散化的影响，而且其成本
测量更有难度。但是，响应时间是非常重要的。响应时间太慢，客户会流失。随
着设备数量的增加，响应时间会降低。

供应链网络建模

　　企业出于各种原因需要经常重新评估供应链的设计。这些原因包括收购另一
家企业、成本节约、削减部分固定资产或者产品线，或者消费者购买行为的变化
迫使企业进入或者离开某个市场。而且，高管们正尝试消除在现有供应链中长期
以来形成的复杂性，以使供应链变得更简单。供应链建模为管理者提供了有效的
信息，这些信息可以用来决定是否以及如何改变设计，以及如果改变供应链的设
计会对企业产生什么影响。

　　企业的供应链建模应当从评估其当前或者基准状态开始。分析人员需要收集
以下周边信息：

1. 设备、供应资源和市场当前的位置和将来的新位置；

2. 设备产能；

3. 消费者对产品和服务的当前和未来需求；

4. 目前的固定成本和可变成本；

5. 因位置而异的产品利润和服务利润；

6. 不同位置的设备、劳动力和材料费用；

7. 各位置之间的运输费用；

8. 不同位置的库存成本；

9. 税收、商品税和关税；

10. 响应时间；

11. 风险。

接下来，企业需要考虑多种业务场景。通过评估现有和可能的新供应链设计，管理层需要回答下列问题：

1. 如果添加新的设备或者关停现有设备，供应链网络的总成本会如何变化？
2. 如果设备位置变化，成本会如何变化？
3. 为了满足企业的目标和消费者需求，需要多少地点和设备？
4. 如果设备的生产能力提高或者降低，网络成本会如何变化？
5. 如果服务水平发生变化，成本会如何变化？

另外，鉴于目前的供应链网络和客户条件，管理层需要对这些提议的变化是否言之有理且具有可实现性进行评估。如果因为未来客户的需求或者为了规避政治、法规以及环境风险而作出改变，那么供应商和客户也会相应调整吗？

案例　中大西洋医院体系

人们越来越意识到，网络和财务绩效紧密相关。让我们通过以下案例来进一步了解相关概念。通过虚构的中大西洋医院体系，我们可以认真研究两种不同的供应链网络场景，并且通过比较两者来进行财务分析。

中大西洋医院体系是一家地区性的医疗供应商，它位于美国中大西洋地区，在特拉华州、马里兰州和弗吉尼亚州都设有分院。通过一系列的合并和收购，它现已发展成为拥有六家医院的医疗体系。考虑到最近发生的大事件，比如医疗保健成本的上涨、《平价医疗法案》（*Affordable Care Act*）的实施以及医院体系长久以来"为任何需要的人提供高质量的护理"的使命，中大西洋医院体系正在考虑整改其分布式网络，以期能够更节省成本。它们意识到，"要想获得长期成功并且遵循《平价医疗法案》为病患提供护理，那么高效管理医院系统的资产是其中最重要的一环"。

而且，中大西洋医疗体系还是健康改善协会（Institute for Healthcare Improvement）的大力支持者，该协会主张医疗体系绩效设计必须遵循两个原则：

第一，提高病患的关怀体验（包括质量和满意度）；第二，降低人均医疗费用。

中大西洋医院体系目前管理着三个配送中心，它们分布在该医疗体系的几个区域，为六家医院分配医疗手术设备。该供应链的副总裁说："没有什么事比为病患、护士和医生提供他们需要的资源更重要了，"她接着说，"然而，病患需要承担的医疗费用正在逐年递增已经不再是秘密，所以我们不仅需要采取一些积极主动的措施来控制成本，还必须确保我们的护士和医生在服务病患时能够在正确的时间得到正确的医疗设备。在提升病患和员工满意度的方面，我们力争超过同行。我们想要创造这样一种工作氛围，所有人都有其所需的工具来服务病患。"供应链小组正在评估不同的分布式设计，以不辜负医疗体系的使命和目标。

网络设计分析

医院的管理团队已经明确表示，高水平服务、患者的高满意度以及低成本都非常重要。将这些目标铭记于心，分析人员可能会考虑新增一个额外的分销机构。这将减少响应时间，意味着通过将供应商移至医院附近可以提高服务水平和患者满意度。而且，供应链的总成本也可能会降低。

供应链小组的首要任务是了解当前的情况，它们从采购部、物流部、财务部、会计部等不同部门收集了一些数据。这些数据涵盖了当前系统的设计以及成本和物料运输路线的详细信息，包括对供应物资的当前和将来的需求、设备的生产、关乎入站运输和出站运输的固定成本和可变成本、分销中心的运营以及库存信息。

图 7-4 和表 7-2 显示了当前的网络设计。供应六家医院的三个配送中心分别位于马里兰州东北部（MD NE）、弗吉尼亚州北部（VA N）和弗吉尼亚州东南部（VA SE）。有一所医院位于特拉华州（DE 1），两家位于马里兰州（MD1，MD2），三家位于弗吉尼亚州（VA1，VA2，VA3）。表 7-2 提供了每周的需求率、供应能力以及配送中心和医院之间的运量。

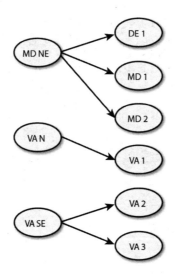

图 7-4 当前网络设计

表 7-2 　　　　　　　　　　　　　　当前网络设计

	DE 1	MD 1	MD 2	VA 1	VA 2	VA 3	发货	供应
MD NE	1000	1250	3000	0	0	0	5250	5500
VA N	0	0	0	3000	0	0	3000	3000
VA SE	0	0	0	0	2000	1500	3500	4000
收讫	1000	1250	3000	3000	2000	1500		
需求	1000	1250	3000	3000	2000	1500		

　　基于对配送中心的周运输能力、医院对医疗手术制品的需求率以及网络中任意两点之间的单位运输成本的分析显示，以位于马里兰州东北部的配送中心为例，它具备每周运输 5500 单位的能力，其中 5250 单位被运送到特拉华州和马里兰州的医院。特拉华州医院需要的 1000 单位均来自美国马里兰州东北部的配送中心。

　　表 7-3 提供了网络中任意两点之间运输、处理以及存储医疗手术库存的单位运营成本。例如，将马里兰州东北部的一个单位运往特拉华医院需要花费 3.70 美元。单位成本包括相关的可变成本和固定成本，比如运输成本、储存和处理成本、工资以及库存积压成本。相关成本是那些当比较两个或者更多替代品时会发生变

动的成本。举个例子。如果分析表明，其中一个配送中心可以拆除，那么一些固定成本将不复存在。而消失的固定成本就是相关成本，并且应当包含在分析中。相反，如果固定成本在两个场景中没有明显的变化，那么分析就不应当包含固定成本。基于医院的目标、目前的需求模式和设备的承载能力，医院体系并没有预期固定成本会消失，因此分析中只需包含可变成本。

表 7-3			当前网络（单位成本）			
	DE 1	MD 1	MD 2	VA 1	VA 2	VA 3
MD NE	3.70	5.60	8.55	9.65	12.45	15.75
VA N	9.55	8.90	4.60	2.20	7.50	8.40
VA SE	16.90	18.20	11.05	7.25	5.80	2.50
周总共			58 300 美元			
年总共			3 031 600 美元			

综合考虑能力、需求和成本，中大西洋医院体系每周的成本为 58 300 美元、年度总成本为 3 031 600 美元方能运营目前的分销网络。同时，它们还发现，在每周运输能力为 12 500 单位的情况下，运输 11 750 单位可以实现 94% 的系统利用率。

第二个场景包括在南马里兰州增加第四个配送中心的可能性（如图 7-5 所示）。分析已经完成（如表 7-4 所示），它使用了第四个配送中心的预估成本数据（如表 7-5 所示）。

表 7-4			新的网络设计					
	DE 1	MD 1	MD 2	VA 1	VA 2	VA 3	发货	供应
MD NE	1000	1250	0	0	0	0	2250	5500
VA N	0	0	0	3000	0	0	3000	3000
VA SE	0	0	0	0	2000	1500	3500	4000
MD S	0	0	3000	0	0	0	3000	3000
收讫	1000	1250	3000	3000	2000	1500		
需求	1000	1250	3000	3000	2000	1500		

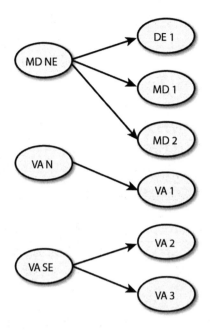

图 7-5　新的网络设计

表 7-5 新网络的单位成本

	DE 1	MD 1	MD 2	VA 1	VA 2	VA 3
MD NE	3.70	5.60	8.55	9.65	12.45	15.75
VA N	9.55	8.90	4.60	2.20	7.50	8.40
VA SE	16.90	18.20	11.05	7.25	5.80	2.50
MD S	5.60	6.50	4.50	5.50	10.80	13.30
周合计	46 150 美元					
年总计	2 399 800 美元					

　　中大西洋医院体系发现，这种网络设计的预估周成本为 46 150 美元，那么每年的成本就为 2399 800 美元。它们还发现，在每周运输能力为 15 500 单位的情况下，如果实际运输 11 750 单位，那么系统的利用率为 75.8%。如果中大西洋医院体系想要在未来实现长期增长，那么增加运力也未尝不可。尽管利用率低，但是对于医院运营来说，这种体系的成本却更低。每年可以节省 631 800 美元的成本。

接下来，医院需要决定，它们是否要在南部的马里兰建一个新的配送中心。虽然每年可以节省约 631 800 美元，但问题是节省下来的这笔钱是否足够？现金流入是否及时而足够承接项目？净现值、内部收益率和投资回报期这三种分析工具可以帮助回答以上问题。

从净现值和内部收益率入手进行分析不失为明智之选。每年节省出来的 631 800 美元是企业预估的其可以实现的额外经营现金流。然而，为了使分析更精准，净现值和内部收益率需要净运营现金流的相关数据。折旧和税费、残值、初始投资和贴现率都是净现值和后续内部收益率分析必不可少的（如表 7-6 所示）。

表 7-6	净现值分析数据
贬值	直线型
使用年限	10 年
残值	0 美元
税率	30%
建造周期	1 年
初始投资	3 000 0000 美元
贴现率	10%

如之前提到的一样，净运营现金流必须从总现金流得出。净运营现金流（如表 7-7 所示）可以用下列简化公式计算得出：

$$净运营现金流 = 息税前利润 + 折旧 - 税收$$

新的网络设计所节省的资金正是初始分析所需要的。计算出息税前利润需要减去折旧。税费的计算也需要息税前利润。一旦税费确定，那么就可以计算出净现金流。息税前利润加上非现金类型的折旧减去税费，就得出净运营现金流，这个值可以用于计算净现值和内部收益率。净现值的最终结果相当不错，达到了 270 507 美元，这意味着该项目可以为企业增值，应当实施。而内部收益率达到了 12%，管理层认为这个数字已经超过了最低的预期回报率。考虑到 10% 的贴现率，12% 的内部收益率似乎完全符合要求。这也再次表明，该项目可以为企业增值，应当实施。

表 7-7 净现值计算

单位：美元

	初始	第 1 年	第 2 年	第 3 年	第 4 年	第 5 年	第 6 年	第 7 年	第 8 年	第 9 年	第 10 年
总现金流	-3 000 000	631 800	631 800	631 800	631 800	631 800	631 800	631 800	631 800	631 800	631 800
贬值		300 000	300 000	300 000	300 000	300 000	300 000	300 000	300 000	300 000	300 000
EBIT		331 800	331 800	331 800	331 800	331 800	331 800	331 800	331 800	331 800	331 800
税费		99 540	99 540	99 540	99 540	99 540	99 540	99 540	99 540	99 540	99 540
运营现金流 = EBIT+贬值 - 税费	-3 000 000	532 260	532 260	532 260	532 260	532 260	532 260	532 260	532 260	532 260	532 260

表 7-8 回报周期和贴现回报周期

单位：美元

项目	初始	第 1 年	第 2 年	第 3 年	第 4 年	第 5 年	第 6 年
净现金流	-3 000 000	532 260	532 260	532 260	532 260	532 260	532 260
积累现金流	-3 000 000	-2 467 740	-1 935 480	-1 403 220	-870 960	-338 700	193 560

项目	初始	第 1 年	第 2 年	第 3 年	第 4 年	第 5 年	第 6 年	第 7 年	第 8 年	第 9 年
净现金流	-3 000 000	532 260	532 260	532 260	532 260	532 260	532 260	532 260	532 260	532 260
贴现现金流	-3 000 000	483 873	439 884	399 895	363 541	330 492	300 447	273 134	248 303	225 730
积累现金流	-3 000 000	-2 516 127	-2 076 243	-1 676 348	-1 312 807	-982 316	-681 869	-408 735	-160 432	-65 298

千万不要小觑 12% 的内部收益率所带来的影响。假设重新设计的供应链不是地区性的而是全球性的，那么在这种情况下，就可能涉及要在美国中部或者欧洲西部选址。贴现率很有可能会高到一定程度，以抵消额外风险。提高贴现率会导致净现值降低，从而使投资的吸引力降低。那么，在项目可以被承接的前提下，贴现率要多高才合适？回想一下，12% 的内部收益率预示着如果贴现率从 10% 攀升至 12%，那么净现值就变成了 0。

投资回报周期预示着项目的折现能力，换种说法就是企业多久可以收回初期投资。在这两个例子中，回报周期是 5.64 年，贴现回报周期是 8.71 年，这是由正的累计现金流决定的（如表 7-8 所示）。

表 7-9 比较了现行的和新的供应链设计方案，结果表明，供应链需要重新设计。因为重新设计的优势在于节省了成本，净现值是正值，内部收益率也抵消了最低预期回报率，而且 76% 的使用率既为增长提供了空间，也使供应链变得更灵活。

表 7-9	总结	
	现行网络	新的网络
全年成本	3 031 600 美元	2 399 800 美元
使用率	94%	76%
净现值	270 507 美元	
内部收益率	12%	
回报周期	5.64 年	
贴现回报周期	8.71 年	

杜邦模型

供应链网络分析人员必须拿出一个设计方案，以获得管理层的认可。分析人员可以利用净现值、内部收益率和回报周期来展示新的分销网络是如何降低成本、增加企业和股东财富的。接下来，分析人员要向管理层展示新的网络是如何影响重要的财务指标和经营指标的。作为一种可视化工具，杜邦模型可以发挥其作用。分析可以从企业当前的情况（包括从现有的分销网络入手，如图 7-6 所示）。需要注意的是，这里的杜邦模型对第 5 章中介绍的杜邦模型稍稍作了修正，因为在很多情况下，财务报告因行业和企业而异。多数医疗机构会公开营业费用和非营业费用，而不公开主营业务成本或者销售成本指数。目前的网络表明，资产回报率为 1.97%，净资产收益率为 4.53%。

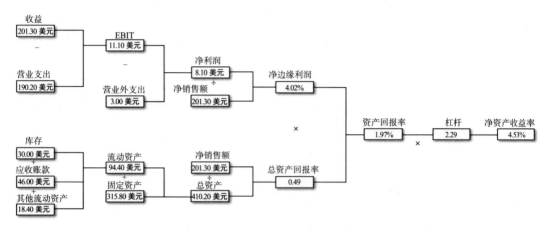

图 7-6　杜邦模型的现状

图 7-7 是调整后的杜邦模型（增加了第四个分销中心），它从会计角度展示了新网络是如何影响医院系统的财务和经营绩效的。调整后的杜邦模型反映了你对医院财务绩效是如何随网络变化而改变的最佳预估。

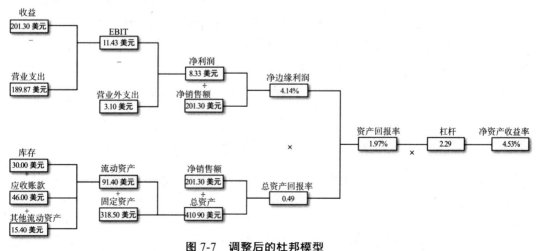

图 7-7　调整后的杜邦模型

众所周知，在获得回报或者现金流入之前，投资是不可或缺的，杜邦模型展示了企业是如何获益的。

因此，分析的结果应当反映第一年年底的情况，这是企业享受初始投资带来的现金流入的第一阶段。

供应链分析人员虽然不像会计人员一样对企业状况了如指掌，但是他们有足够的专业知识，并使用修正后的杜邦模型提出精准预测和假设。

在改变网络设计之前，医院体系需要投入 300 万美元的初始资本，以满足固定资产的购买和 / 或翻新、设备和安装的成本。财务部门需要决定这笔资金是否应当从银行现金账户拨付，或者通过借入资金或者出售股票以筹集资金来支付。在这个例子中，我们假设现金来自中大西洋体系的银行账户，由于初始投资消耗了 300 万美元，所以其他流动资产总数也减少了。

$$其他流动资产 = 总流动资产 - 投资支出$$
$$= 18\,400\,000 - 3\,000\,000$$
$$= 15\,400\,000\ 美元$$

其次，我们来考虑一下运营费用。因为分析发现，可以从经营费用中降低成本。总现金流或节约的成本为 631 800 美元，那么运营开支将会减少 631 800 美元，再加上 300 000 美元的折旧费用，就可以算出运营开支。

$$运营开支 = 总资产 - 总现金流 + 折旧费$$
$$= 190\,200\,000 - 631\,800 + 300\,000$$
$$= 189\,870\,000\ 美元$$

因收入所得税属于非营业费用，所以非营业费用应当加上所得税支出 99 540 美元。

$$非运营费用 = 初始投资 + 税费$$

$$= 3\ 000\ 000 + 99\ 540 = 3\ 099\ 540\ 美元$$

尽管资产负债表的库存账户没有变化，或者额外的安全库存使库存账户增加，但是库存成本已计算进现金流预测。库存耗尽之后，库存成本将从资产负债表流向损益表。在这个案例中，平均库存额没有变化，但是由于我们假设库存消耗完毕，那么成本将体现在运营费用中。

$$库存 = 30\ 000\ 000\ 美元 \pm 库存增减 = 30\ 000\ 000\ 美元$$

固定资产已作出调整，来反映 3 000 000 美元的投资和 300 000 美元的折旧。

$$固定资产 = 既有资产 + 投资 - 折旧费$$

$$= 315\ 800\ 000 + 3\ 000\ 000 - 300\ 000$$

$$= 318\ 500\ 000\ 美元$$

调整修改后的杜邦模型显示，资产回报率为 2.03%，净资产收益率为 4.65%，它们是基于对现有分销网络的改进而得出的。另外，息税前利润和净利润率都有所提高（如表 7-10 所示）。尽管固定资产周转率略有下降，但整体的改善使任何小幅下跌都显得微不足道。而且，由于每股收益对华尔街和企业高管来说十分重要，他们关注的是当净利润增长至 8 330 000 美元时，假设股票发行数没有增加，每股收益将随之提高。但是，如果企业通过增加股票数量来为项目融资，而不使用企业的现金，那么每股收益将会下降。

表 7-10	杜邦模型总结	
	现有网络	改进网络
资产回报率	1.97%	2.03%
净资产收益率	4.53%	4.65%
固定资产周转率	0.637 倍	0.632 倍
总的资产周转率	0.491 倍	0.491 倍
EBIT	1110 美元	1143 万美元
净边缘利润	4.02%	4.14%
净利润	810 万美元	833 万美元

第 8 章　库存管理

Financial Intelligence for Supply Chain Managers

　　对于所有企业而言，管理库存都是一项重要职能。库存太少会阻碍生产和销售，库存过多则会造成现金流问题。没有被库存套牢的资金可以用于其他商业活动，比如开拓新市场、研发新产品和服务以及为员工提供培训活动、丰厚的薪水和各种福利待遇。企业管理者了解以上信息后，还需要知道有效地管理库存对财务和运营工作的影响。客户服务水平最大化与库存成本最小化需要平衡协调。基于以上原因，行业分析人员和财务分析人员会密切关注企业管理库存的方式。作为运营或者供应链专业人士，了解并管理库存对支持企业获得财务上的成功具有重要意义。

　　本书前几章已经介绍了库存是如何呈现在企业的财务报表中、会出现在财务报表的哪些地方以及合理的库存水平对一些财务和运营绩效比率的影响。本章将深入探究库存管理决策将如何影响库存水平并且改变财务和业务绩效比率。另外，由于熟练的库存管理决策依赖于精准的需求管理，本章还将揭示库存管理与需求预测之间的联系。库存管理和需求预测互为对方提供信息。需求预测有助于决定库存需求，同时历史库存需求也被广泛用于需求预测。

　　很多运营或者供应链专业人士都会提到库存单位。然而，为了描述企业财务绩效，这些单位会被转换成美元。回想一下，资产负债表中的库存就是按照成本报告的，而这是由采用何种成本核算方式决定的。一旦库存被使用、产品被售出，库存成本将被作为销货成本记录在损益表中。与此同时，用于购买库存的现金也将反映在资产负债表和现金流量表中。除了单位库存所需的成本之外，库存成本还包括为销售而产生的所有成本，这些成本包括运输、关税和税费。

库存有很多标签和用途。总的来说，库存分为以下几类：

1. 原材料：未经加工的库存；
2. 在制品：正在加工尚未准备出售的库存；
3. 制成品：可出售的库存；
4. 在途库存：运输途中的库存。

库存可以用来：

1. 满足需求；
2. 满足储备；
3. 应对交付周期的变化；
4. 作为防止货物流通出现问题的缓冲；
5. 预防缺货；
6. 防止价格增长。

库存管理人员和计划人员的根本目标是既要满足客户的需求，又能使库存量实现最小化。要实现这个目标，库存管理人员通常会问两个问题：第一，需要购买多少库存？第二，什么时间订购库存？回答这些与数量和时间相关的问题看似简单，但实际上，由于需要考虑诸多因素，要给出恰当的答案并非易事。

回答以上两个问题之前，库存管理人员有必要了解一下库存的特点。库存量大、成本高、库存量单位（Stock Keeping Unit，SKU）小、需求稳定还是恰恰相反？除此之外，库存管理人员还需要了解客户期望的服务水平。他们应当清楚，库存水平至少影响着三个综合方面，即企业业绩、成本支出和客户服务。只有了解以上所有特征后，才可以对库存进行分类。

我们继续引用第 7 章中大西洋医院系统的案例，来进一步介绍分类和库存管理。医院系统中有很多不同的库存物品，而每种物品的成本、消费率和有效期也各不相同。了解这些后，供应链团队可以将库存分成以下几类：（1）食物和其他易腐品；（2）"酒店用品"，比如需要清洗的衣物、亚麻制品、洗发露和牙刷；（3）外科手术工具；（4）医疗器械，比如绷带、注射器、针头和纱布。划分好库存种类，如何管理库存也变得很清晰了。

库存采购模型

　　一些库存采购模型可以帮助采购人员确定每次订购的库存量以及订购的频率。库存分类将有助于采购人员确定采用何种合理的模型。例如，易腐品与医疗器械的管理方式就迥然不同：订购太多的新鲜水果会导致一些水果变质，但是订购过多绷带却不会有这样的顾虑。因此，即使销售人员提供大批量折扣，采购经理也不会为了折扣而订购大量水果，却有可能订购大量绷带。

　　通常，库存模式的选择取决于库存跟踪方式。库存会被永久地(一直)跟踪吗？就像零售店和杂货店那样，商品的通用代码都要在收银台扫描一下？还是会定期地进行跟踪，就像一家小酒吧的店主每个星期四就会在储藏室中清点酒瓶的数量呢？如果出现以下几种情况，可以使用简单的经济订货批量（Economic Order Quantity，EOQ）模型或者该模型的变体来计算：

　　1. 某种物品需要持续供应；

　　2. 该种物品的需求相当稳定；

　　3. 该种物品会得到不断跟踪。

　　最简单的库存模型就是经济订货批量模型。该模型的基本理念是能够最小化成本的最优订货量是存在的。如果订货量高于或者低于这个最优值，成本就会增加。成本分为储存成本和订购成本（又被称为生产准备成本）两种。了解这两种成本有助于回答库存管理人员问的第一个问题，即每次应当订购多少库存。你可以使用下列方程式来计算最佳量：

$$Q = \sqrt{\frac{2 \times D \times S}{H}}$$

　　Q 代表最优订货量，D 代表每年的产品需求，S 代表订购成本，H 代表每年每单位的储存成本。

如果中大西洋医院系统想要订购绷带，使用经济订货批量公式，需要订购多少呢？医院系统预测今年需要 100 000 箱绷带。经计算，每次额外购买绷带的订购成本是 25 美元，而且存储这些箱子的费用一年是 1.5 美元。需求与储存成本是同一时间产生的。

$$Q = \sqrt{\frac{2 \times 100\,000 \times 25}{1.50}} = 1826\ 箱$$

库存总成本

请注意，图 8-1 中最优订货量位于总成本曲线的最低处，储存成本和订购成本在这一点是相同的。还要注意的是，总成本曲线底部相当平缓，这就意味着即使订购没有达到最优量，总成本也不会明显增加。换句话说，舒适的边际范围是存在的。了解边际范围很重要，因为准确的数量可能会迫使一位管理者要求供应商拆开托盘或者大箱子来适应其小订单。医院的管理者很可能会发现，与要求供应商为小订单拆开大箱子以及为特殊数量而多收费相比，订购绷带的数量如果超过最佳数量，成本反而会降低。然而，因为有数量折扣而增加订购数量是有可能降低总成本的。下一章将会更详细地介绍数量折扣。

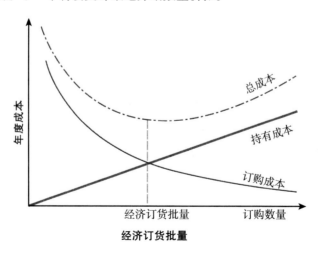

图 8-1　持有和订购库存的年度总成本

如果医院系统全年每次都订购 1826 箱绷带，那么每年持有和订购绷带的成本是多少呢？使用下列总成本公式就可以计算出来了，其中 TC 代表总成本，Q 代表单位订货量，H 代表持有成本，D 代表单位年度需求，S 代表订购成本。使用经济订货批量公式可找出 Q（单位订货量），而 H（持有成本）、D（单位年度需求）以及 S（订货成本）与经济订货批量公式中使用的值是相同的。

$$TC = \frac{Q}{2}H + \frac{D}{Q}S$$

$$TC_{1826} = \frac{1826}{2} \times 1.50 + \frac{100\,000}{1826} \times 25.00$$

$$TC_{1826} = 1369.50 + 1369.11 = 2738.61 \text{ 美元}$$

假设一年的投入没有发生变化，那么医院系统平均一年将花费 2 738.61 美元用于储存和订购绷带。事实证明，每年的订购量会有小幅浮动。如果每次订购的数量不是 1826 箱，那么总成本就会增加。对于库存管理人员来说，他们的决策会影响总成本，所以他们有必要深入了解持有成本和订购成本。接下来，我们将会介绍这两个概念。

库存持有成本通常会被描述为年平均库存资金所占的百分比。使用这个百分比是因为我们很难准确决定储存每种物品所花费的资金。比如，如果中大西洋医院系统称其每年平均库存为 30 000 000 美元、持有成本率为 15%，那么每年持有库存的成本为 30 000 000 × 0.15 = 4 500 000 美元。

库存持有成本率很难预测。让情况更复杂的是，构成企业总持有成本的成本贯穿于整个企业。总持有成本由以下相关成本构成：

1. 设备；
2. 公共事业费；
3. 保险；
4. 破损；
5. 废弃；
6. 盗窃；

7. 税收；

8. 管理费用和工资；

9. 资本成本。

将以上成本分配给持有库存既不简单，也无法做到精确。但是，力图做到精准会使库存决策也变得更精确。经验丰富的库存管理人员知道一件事，那就是如果库存在货架上，那么就要花钱，而这正是计算库存周转率和库存天数的基础。库存周转的速度越快，库存的天数就越短，库存持有成本也就越低。

计算库存持有成本的方法有很多。总的来说，每种方法都包含与非资本相关的成本（以上 1~8 种成本）和资本成本（以上第 9 种成本）。例如，医院系统会将以上所有成本相加，然后除以平均每年的库存。为了计算出结果，医院系统将所有成本（以上 1~9）相加，得到 4 500 000 美元。由于平均每年库存价值 30 000 000 美元，那么储存成本率为 15%（4 500 000 / 30 000 000 × 100% = 15%）。这意味着医院系统每拥有 1 美元的库存，就要花费 0.15 美元存储库存。管理持有成本就像管理订购成本一样重要。

企业每次订购库存都会产生额外费用，这些额外费用被称为订购成本，有时也被称为生产准备成本。订购成本包括：

1. 工资；

2. 运输和交付；

3. 税收、关税和相关费用。

对于制造企业而言，还有设备以及生产线改造所产生的费用。

采购流程在企业的发生成本中发挥着重要作用。企业订购库存的频率越高，订购成本越高。目前，中大西洋医院系统每年大约订购 55 次绷带。所以，可以这样计算：

$$\frac{100\ 000\ \text{箱年需求量}}{1826\ \text{单位订购数量}} = 54.76 \approx 55\ \text{次／年}$$

每张订单 25 美元，他们每年将在订单费用上花费约 1369.11 美元。

当企业掌握了所需花费的存储和订购成本之后，就能计算出能够降低这些成本的最优订单量。而且，还能计算出订购最优数量的频率。这些观点都对再订货的时间点产生了影响。库存要降低到何种水平才不得下订单补货呢？这样可以使缺货和销售损失的风险最小化。

何时再订库存

统计学中的再订货点（Reorder Point，ROP）能够让管理者知道何时下订单以补充库存。当一种物品的数量降至一定数量时，就需要再次订购。再订货点是最低库存水平，此时必须下新的订单才能避免缺货。要确定再订货点之前，必须要了解：

1. 消费需求率或者使用率；
2. 生产周期；
3. 需求以及订货到交货时间的可变性；
4. 理想的服务水平。

由于需求和生产周期不确定，因此安全库存十分有必要。安全库存降低了缺货的可能性。安全库存是由于可变需求和可变生产周期所导致的超出预期需求和预计生产周期的库存数量。交货时间是从提交采购订单到收到采购物品的间隔时间。当然，交货时间也会发生变动。交付时间的可变性是以下因素的"副产品"：

1. 供应商不可靠；
2. 原料的质量问题；
3. 供应商库存管理不佳；
4. 运输延误和港口关闭；
5. 政府部门检验（验收）延误。

期望的服务水平规定了管理层可以接受的缺货风险。

以下公式可以计算出统计学中的再订货点。

$$ROP = \bar{d} \times \bar{L} + Z\sqrt{\sigma_d^2 \times \bar{L} + \sigma_L^2 \times \overline{d^2}}$$

$\bar{d}$ 代表平均日常需求，$\bar{L}$ 代表按天数计算的平均交货时间（需求和交货时间需要使用相同的时间单位），Z 是 Z 的得分（与服务水平相对应），σ_d^2 代表需求变化方差，σ_L^2 代表交货时间方差。需要重点注意的是，加号右边的所有项目是用来计算安全库存的。如果需求和交货时间的变化没有表现出来，那么只需要 ROP=$\bar{d} \times \bar{L}$ 这部分就可以计算出再订货点。

再订货点公式可以帮助中大西洋医院系统确定订购绷带的时间以及安全库存量。从以往的经验看，医院体系发现：

$$平均需求 = \frac{100\,000}{365\,天} \approx 274\,箱/天$$

$$平均交货时间 = 4\,天$$

$$需求变化 = 50\,箱$$

$$交货时间变化 = 1\,天$$

$$服务水平 = 95\%$$

请注意：当服务水平达到 95% 时，Z 值为 1.645。有一个正态分布表可以用来寻找 Z 值。如果服务水平有所提高，Z 值也会增加。如果服务水平值降低，Z 值也会降低。

$$再订货点 = 274 \times 4 + 1.645\sqrt{50 \times 4 + 1 \times 75\,06}$$

$$= 1096 + 1.645\sqrt{200 + 75\,067}$$

$$\approx 1096 + 452$$

$$\approx 1548$$

再订货点公式表明，当库存降至 1548 箱时，中大西洋医院系统就应当订购绷带。在这 1548 箱库存中，452 箱是安全库存。

尽管这个例子看似过于简单（因为只需要考虑一种物品），但是它让我们了解到订购一种物品时需要考虑的因素也同样适用于多种物品的订购。对于所有订单来说，管理人员都必须考虑需求率、交货时间、可变性以及服务水平。正如有很多不同的模型有助于决定采购多少库存一样，也有很多模型有助于决定何时采购。问题的关键是要根据实际情况来选择合适的模型。了解了库存量会明显影响企业经营，库存管理人员将会千方百计地降低库存量，同时不遗余力地保持较高的客户服务水平。

库存削减

企业的管理者会因为各种原因对削减库存产生兴趣。削减库存会暴露出业务环节中亟待解决的问题。过量的库存会掩盖问题，比如供应商表现不佳、发货不可靠以及产品质量差等。而且，削减库存能够改善运营绩效的衡量方式，比如库存周转率、库存天数和资产利用率，从而可以增加可用的现金。一段时间内，较少的库存单位需要较低的储存能力，也就意味着需要较少的地产，或者较少或者较小型的设备。也请记住，降低库存水平并不意味着无法满足消费者需求，更不意味着降低满足消费者需求的能力。恰恰相反，企业不仅可以更有效地管理现金支出和库存，而且自始至终都能满足消费者的需求。

安全库存和即时库存是更值得关注的两个方面。如果管理者想降低库存水平，就可以从这两个方面着手。

安全库存

通过降低安全库存，平均库存总量也会随之降低。使用再订货点公式可以帮助削减安全库存量。请记住，以下几个因素会影响安全库存的计算：

1. 需求与需求的可变性；
2. 交货时间与交货时间的可变性；
3. 期望的服务水平。

流程改进旨在使需求变化、交货时间变化实现最小化，而且平均交货时间会降低对额外安全库存的需求。集中化库存降低了需求的可变性，同时也降低了信息的复杂性，所以需求模式可以清楚地被识别出。虽然这一点对管理者来说至关重要，但是集中化也需要稍作权衡。集中化库存增加了交货时间，因此也增加了响应消费者的时间。如果认为通过集中化降低需求的可变性是使安全库存实现最小化的唯一方法，那么管理人员就应当小心了。缩短生产周期、降低交货时间的可变性是可以实现的，而且有助于降低安全库存。还有一些方法可以降低安全库存，比如与生产商、原材料供应商和运输供应商进行有效的沟通、协调与配合等。

降低安全库存的另一种方式是重新审视期望的服务水平。降低服务水平会降低对额外安全库存的需求。但是，降低服务水平会使缺货的可能性增加。尽管如此，如果服务水平起初过高，那么降低服务水平不仅会降低安全库存，而且还会改善企业的现金状况。由于需要权衡利弊，因此库存管理人员有必要回答这个问题："安全库存的成本会超过损失一笔生意的价值吗？"如果损失一笔生意的价值更高一些，那么就有必要准备更多的额外库存。获取了额外的库存，库存周转率、库存天数和资产利用率等绩效指标就很有可能会降低。但是，如果这些指标的降低能够起到维系客户的作用，那么这种降低还是能够被接受的。

安全库存的数量还受到库存追踪和库存盘点方式的影响。在之前提到的再订货点的例子中，我们假设库存盘点是已知的，这被称为永续盘存制，即使用如无线射频识别、销售时点系统和通用产品代码等自动化系统追踪和盘点库存。永续盘存制可以即刻更新库存盘点，而且它要求的安全库存比较少。

如果使用实地存盘制（又被称为定期盘存制），即定期追踪和盘点库存，那么就需要额外的安全库存了。这是因为需求的波动导致库存管理人员很难了解库存状态，除非重新盘点库存。如果一周内消费者的需求出现增长，卖出了比预期更多的商品时，那么库存管理人员就无法立刻了解库存状态。因此，为减少这种不确定性，就需要增加更多的安全库存。

另外，供应链参与者获得的及时且准确的信息会取代对额外的安全库存的需求。就实际销售需求以及更新交货时间和交货时间表进行及时沟通可以排除不确定性，从而减少对安全库存和多余库存的需求。供应链中开放式交流和协调能够降低库存水平，从而改善企业的财务绩效。

即时库存

即时库存理论的基础是减少浪费，而多余的库存就会被视为浪费。为了减少多余库存，并且让供需更平衡，库存管理人员每次订购的库存单位要少一些，但是订购次数又会更频繁。从本质上说，即时库存就是在正确的时间和正确的地点获得正确的库存量。即时库存在需求相当稳定以及供应链有效而非灵活时最能发挥作用。

回想一下之前提到的例子，中大西洋医院系统每次应当订购 1826 箱绷带才能使库存成本最小化。目前，这个系统每年大约订购 55 次（年需求 100 000 单位 / 每次订单 1826 单位 =54.76 次订购 / 年）。如果每次订购的数量降到 1000 单位，那么该系统每年将要订购 100 次，订购成本会翻倍。因此，储存和订购库存的总成本将为：

$$TC_{1000} = \frac{1000}{2} \times 1.50 + \frac{100\,000}{1000} \times 25.00$$

$$TC_{1,000} = 750 + 2500 = 3250 美元$$

如果订购单位减少而订购频率增加，总库存成本将增加 3250 − 2738.61 美元 = 511.39，上涨了 18.67%。行业中的很多人都相信实行即时库存会使库存成本降低。实际上，这种情况只会降低储存成本，而不会降低订购成本。尽管平均库存减少（导致储存成本从 1369.50 美元降至 750 美元，共节省了 619.50 美元），但是这并不能抵消订购成本增长。简单地说，如果每笔订单的成本不先降低，总库存成本还会增长。减少平均库存是可以实现的，但是首先要降低订购成本，然后再决定想要达成的目标订购成本。

如果每次订购 1000 单位的库存，那么每笔订单的成本是多少呢？使用以下公式可以计算出结果：

$$S = \frac{H \times Q^2}{2D}$$

其中，

H = 每单位库存的年储存成本

Q = 期望的订购数量

D = 年需求量

$$= \frac{1.50 \times 1000^2}{2 \times 100\,000}$$

$$= \frac{1\,500\,000}{200\,000} = 7.50\text{美元}$$

如果订单数量是 1826 箱而不是 1000 箱，那么就有必要将订单成本从 25 美元降至 7.5 美元。

如何降低订购成本呢？

汽车行业是值得学习的典范。它们通过缩短供应商和装配工厂之间的距离，致力于降低交通运输费用和缩短交货时间。另外，自动化以及简化订购程序减少了交易次数、人为干预以及人员的工资。

库存追踪

追踪库存是决定安全库存的关键环节之一。库存管理人员的作用就是决定使用哪些方式来追踪库存。不准确的库存追踪不仅会让企业面临风险，而且会影响企业运营的诸多方面。

库存追踪不准确会面临以下风险：

1. 销售损失（即使商品在仓库里，工作人员也可能找不到）；
2. 数据不准确导致更严重的预测失误；

3. 付出更多精力来管理库存；

4. 产品在不正确的仓库和设施中；

5. 需要更大幅度的季末促销。

库存管理人员必须决定使用的库存管理技术是否值得，因为这与成本有关。技术成本与持有安全库存的成本应当平衡。管理人员会因为一些原因而使用技术协助库存管理。准确追踪和清点库存可以更好地作出与数量、订购时机相关的库存决定。

使用技术有效地追踪库存会产生以下影响：[①]

1. 减少脱销情况的发生；

2. 增加销售额；

3. 增加库存和提高供应链生产力；

4. 降低库存成本；

5. 改善上市的速度；

6. 降低劳动成本；

7. 为作出更明智的决定生成数据；

8. 保持品牌完整性和消费者满意度；

9. 减少缩减。

虽然建立以技术为驱动的库存追踪和统计系统有诸多理由，但是仍然有必要先确定系统的目标。使用一个与企业需求不符的系统将会成为压力和挫折的导火索。如果这个系统能实现准确追踪库存和清点过程，那么需求预测也会更准确和可靠。技术是更精确管理库存的一种有效工具，尽管使用它会产生一定费用，但是更准确的需求预测将会让企业受益匪浅。

需求预测

精准的需求预测能够有助于企业更从容地作出有关库存、生产力以及其他运

---

① CSCMP's Supply Chain Quarterly, 4 / 2013

营决策。不精确的预测将导致生产力与库存供需的不协调。这种不协调会降低消费者满意度，导致资源闲置和企业的现金流失。当然，需求预测并不能做到完美，但是缺乏对这些因素的了解更易出错。

预测不精确的原因有很多。了解导致预测不精确的因素，可以使预测变得更精确。其中一部分因素包括：

1. 对信息提供者存在偏见；
2. 缺乏沟通和交流；
3. 使用了不正确的预测技术；
4. 使用了不准确的信息；
5. 使用了无效的绩效指标或者销售奖励；
6. 预测视野过于遥远。

不精确的预测对业务有损，因此预测要尽可能精确。

尽管本书一直在介绍需求计划和预测，但是本章将集中介绍一些运营和供应链管理人员能够改善预测的方法，其中一种方法就是缩短交货时间。时间跨度越小，预测就越精确。比如天气预报。1 天的天气预报要比 7 天的天气预报精确得多。同样的道理也适用于需求预测。对于需求预测而言，预测的时间跨度不得不与交货时间一样长。如果需要 45 天订购并收到库存，那么预测应为一个长达 45 天的预测。缩短交货时间会使需求预测变得更精确。

提高预测准确性的另一种方法是标准化。标准化可以避免变化。只要材料和产品被标准化了，库存量单位会减少，预测也会更精确。使用这种方式就无需对多种库存单位进行预测。对多种库存单位的需求进行预测会增加预测的可变性，也会使预测变得更不精确。

然而，消费者的需求并非一成不变，需求计划人员能够提供总需求预测。例如，瑞士莲巧克力公司（Lindt Chocolate Company）预测需要 75 包松露巧克力才能满足需求。预测 75 包松露巧克力的总量（如表 8-1 所示）要比预测每种口味巧克力（牛奶巧克力、黑巧克力和焦糖巧克力）的包数（如表 8-2 所示）更准确。

表 8-1   瑞士莲松露巧克力销量汇总

| | 松露巧克力销量 | | | |
周	焦糖巧克力	黑巧克力	牛奶巧克力	总计
1	34	23	56	113
2	23	25	58	106
3	45	32	54	131
4	56	31	48	135
5	43	26	47	116
6	45	40	59	144
7	37	35	60	132
总计				877.00
平均				41.76
方差				155.69

表 8-2   瑞士莲松露巧克力销量分解

| | 松露巧克力销量 | | | |
周	焦糖巧克力	黑巧克力	牛奶巧克力	
1	34	23	56	
2	23	25	58	
3	45	32	54	
4	56	31	48	
5	43	26	47	
6	45	40	59	
7	37	35	60	
平均	40.43	30.29	54.57	41.76
方差	107.95	36.57	27.29	171.81

总量预测（如表 8-1 所示）要比非总量预测（如表 8-2 所示）更准确。在 7 周的时间里，总量预测中平均每周销量为 41.76 包，方差为 155.69。而非总量预测中各种口味的巧克力平均每周的销量为 40.43 包、30.29 包和 54.57 包，平均数量为 41.76 包，总方差为 171.81。方差越大，对于预测的准确性而言，存在的不确定性就越大，尽管平均数不变。

掌握了这些信息，运营管理人员就能够预测生产能力，并且制订执行计划。运营管理人员不再单纯依靠对每个库存量单位的预测（不同松露巧克力口味），而是可以计划他们的流程以适应库存量单位需求的变动。无论是哪一种口味，生产部门都有足够的能力生产大约42包松露巧克力。如果多生产出的黑巧克力一时失宠，瑞士莲公司的各个系统和流程都会灵活应变，以满足实时需求。而且瑞士莲公司知道，如果原料可以标准化，并用在每种松露巧克力中，那么它们就能够更轻而易举地应对消费者对各种口味的松露巧克力的需求变化。

正如瑞士莲巧克力案例中所展现的一样，历史数据经常被用来预测和作产能规划。如果要使用历史需求数据，那么这些数据就要能够准确描述过去发生的一切。准确的信息至关重要，却不易获得。

在供应链中，协作配合、流畅的沟通能够提供更准确的信息，然而，信息通常无法自由流动。如果缺乏沟通交流，供应链中的上游企业一般会根据历史订单而不是现实中的实际需求来进行预测。遗憾的是，历史订单可能并不等同于发出了货物或者实际需求。订单、生产、发货和实际需求都会有明显的不同。大批量折扣和大宗交易、定价政策和促销活动、购买动机以及企业的安全库存政策都有可能偏离实际需求。

由于供应链上游企业很难了解产品的实际需求，供应商往往会持有不必要的高库存量。高库存水平是上游供应商使用不准确和不恰当的数据进行规划的结果，而这是沟通闭塞和缺乏协调的结果。即使沟通和合作顺畅，传递的信息也必须准确，并且客观地描述现实。

即使能够及时收集数据，信息还是容易失真。例如，试想一家超市会根据顾客在收银台的等待时间和队伍长度给员工发放奖金。在这种情况下，通常会获得不准确的需求信息。为了说明这一点，一只猫咪的主人在超市购买了4种口味共12罐的湿猫粮。超市关注的是等待时间短以及排队长度最短，所以收银员会扫描其中一罐12次。超市如愿以偿，顾客迅速结账，然而这却是以准确数据为代价的。对于数据分析人员而言，当顾客购买四种口味的猫粮时，数据会显示出哪种口味的猫粮更受欢迎。尽管诸如销售时点系统等技术有助于收集及时且准确的数据，但是管理者要知道绩效和奖金政策可能与企业的目标并不一致。

　　技术进步让企业重新思考需求预测的价值。企业正逐步摆脱对历史信息和传统预测的依赖，它们正尝试及时预报市场行为，开发灵活的供应链，以适应不断变化的需求模式。本章的重点是，管理库存以满足预期需求，提供理想的服务水平，同时将成本最小化，这样企业就能有效运行。

财务绩效

　　很多时候很难将运营过程中发生的变化与财务绩效联系在一起。杜邦模型能有效地展示这一联系，尤其是在高管会议中。其次，杜邦模型还可以显示库存量是如何影响相关财务绩效与运营绩效标准的。

　　中大西洋医院系统运用杜邦模型（如图 8-2 和表 8-3 所示）确定了当前重要绩效评估手段中的财务绩效和运营绩效。这个杜邦模型提供了一个起点，由此开始评估库存量变化所产生的影响。目前，库存账户金额是 30 000 000 美元。观察将库存余额从 30 000 000 美元降到 20 000 000 美元所产生的影响（如图 8-3 和表 8-3 所示）。

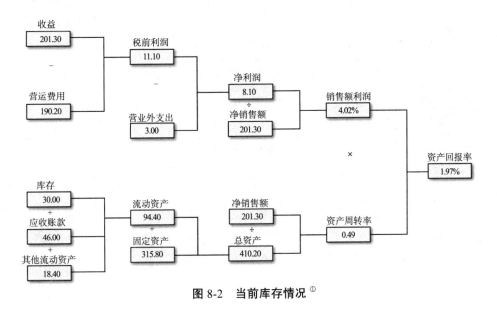

图 8-2　当前库存情况 [①]

---
① 图中各数据的单位为百万美元，除资产周转率和特殊标注外。一译者注

表 8-3	库存量对比	
绩效评估	300 万美元（之前）	200 万美元（之后）
库存周转率	6.71	10.07
库存（在库）周转率	54.40	36.26
固定资产周转率	0.64	0.67
总资产周转率	0.49	0.52
资产回报率	1.97%	2.10%
基本获利率	2.71%	2.88%

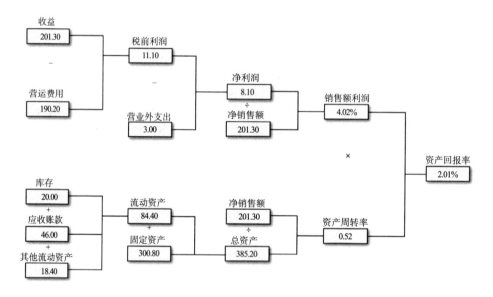

图 8-3　改善后库存情况 [①]

对比以上两个杜邦模型：固定资产减少时，库存账户中的金额也减少了。可以预见如果库存削减了，生产需求也随之降低。这还导致固定资产（PP&E）减少。尽管这个例子中运营成本（以及其他情况下的销售成本）保持不变，但是随着库存售出，库存从资产负债表转移到收益表时，将这个特别的账户中的金额视为缩

[①]　图中各数据的单位为百万美元，除资产周转率和特殊标注外。—译者注

减也不是不合理的。如果营业成本与销货成本减少，利润率则增加。

　　请注意每种库存与资产业绩评估都有所提高（如表 8-3 所示）。库存与资产管理也变得更有效率。库存周转速度加快，停留在医院医疗设施的天数变短。此外，资产使用更为有效，固定资产能力的供需更一致。

第9章　采购与供应管理

Financial Intelligence for Supply Chain Managers

所有企业都要购买商品和服务。这项任务看似简单，实际则不然。采购的重要性无论怎样强调都不为过。采购与供应管理对于企业的成功运营和提高竞争力都极其重要。采购决策既要有战略性，又要具有可操作性。每一个采购决策都会对财务、环境以及社会产生影响。另外，采购决策可能会让企业暴露在风险因素中，还会直接影响企业的收入与支出。

采购与供应的策略、政策和流程应当被展开，并且与企业的使命、目标和竞争优势相一致（如图 9-1 所示）。

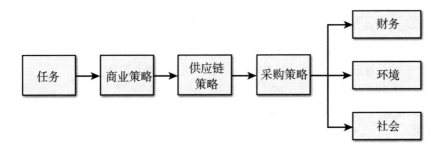

图 9-1　采购策略

由于企业之间存在竞争并受到不同因素的影响，并不存在一成不变的采购策略或者采购流程。一些企业受响应能力影响，而另一些公司则受到成本、社会或者环境因素的影响。每个原因都会产生不同的采购策略、政策和流程。这些差异会影响企业的财务和运营绩效，因此权衡利弊也就司空见惯了。尽管传统上认为采购职能一直是一种以成本为中心的职能，但是对很多企业而言，它已经逐渐转变为跨职能的策略中心。

有关采购与供应管理方面的术语有可能会含糊不清，因此在深入研究本章内容之前，解决这个问题十分重要。使用不同的表达方式可能会让人觉得一头雾水。有些人会使用日常采购（procurement）来描述交易型购买，而战略采购（sourcing）和供应管理包含的内容更广泛一些，比如全球采购、关系构建、信息共享以及协作策略开发。在本章中，每个术语都将会交换着使用，其中的争论将不在此探讨。

采购与供应管理的重要性

采购与供应管理就是从第三方获取商品和服务，这些商品和服务对企业成功运营以及竞争力的提升至关重要。如果不妥善管理这些交易和关系，就会产生严重后果。采购已经超出了典型的成本和质量控制因素。尽管成本控制很重要，但是每个战略决策和运营采购决策都会对财务、环境和社会产生更大的影响，结果就是对企业购买或者供应商使用的材料种类以及他们之间关系的发展产生影响。尽责的采购（即基于环境和社会因素所作的采购决策）越来越盛行，因为它考虑到了所有的利益相关者，而不只有股东。企业及其高管因为对业务所处的环境和社区造成了伤害而被追责。企业的采购和运营方式既体现了决策者的水平，也会影响企业的品牌形象，最终会影响企业的财务绩效。

采购与供应管理对财务的影响

采购与战略采购一直致力于降低企业原料和服务的成本。请回顾一下前几章中的内容，库存采购被记录在资产负债表的库存账户中。库存采购包括为获得库存而支付给供应商的费用、运输产品产生的运费、进口费用和税收。库存一旦使用，费用就会支出并呈现在损益表的销货成本账户中。如果库存和随后的销货成本有所降低，那么我们就能得到一个直接且可量化的结果。降低采购成本会导致损益表中销货成本的降低。

　　然而，采购不再是降低成本和库存水平那么简单。因为采购职能本身已经发生了转变，它已经成为了沟通和共享信息的协同核心，以提升企业的竞争力。为提高财务绩效，协作并且与其他部门合作以形成竞争优势是非常有必要的。成功需要企业在多部门（比如财务和会计、生产和制造以及市场营销）的通力协作。

　　与其他部门和供应商通力合作、相互协调可以通过提高服务水平和消费者满意度来提高收益和利润率。团队合作有助于提高产品和服务质量，降低返工、浪费和维修的概率。在精益制造的环境中，通力合作和相互协调很重要。小订单的运输通常需要可靠的运输和低损坏率。而且，在这种环境下，降低生产准备成本和订购准备成本是非常有必要的；否则，随着订单数量的增加，这些成本也会显著上涨。

　　人们用利润杠杆效应（Profit Leverage Effect，PLE）来展示如何降低销货成本，从而比相应提升销量更快地提高利润。人们通常会考虑的一个问题是：为了更快地提高盈利能力，企业应当提升销量还是降低成本呢？我们可以使用一个简化的损益表（如表 9-1 所示）来说明利润杠杆效应。我们可以先从表 9-1 中看出一个基本状态，然后再对增加 10% 销售额与降低 10% 成本进行了对比。

表 9-1　　　　　　　　　　　　利润杠杆效应

	基本条件	降低成本（10%）	增加销售额（10%）	增加销售额（18%）
销售总额	1 000 000	1 000 000	1 100 000	1 180 000
− 销售成本（45%）	450 000	405 000	495 000	531 000
= 总利润	550 000	595 000	605 000	649 000
− 销售成本、综合开销与行政管理费用（30%）	300 000	300 000	330 000	354 000
= 营业利润	250 000	295 000	275 000	295 000
利润变化		18%	10%	18%

　　注：销货成本和销售及一般管理费用是作为销售额计算的。在降低成本的情况下，销货成本从基本案例中的销货成本降低了 10%。

　　在表 9-1 的基本案例中，假设在给定的一个财年中，绿色设计与构造公司

（Green Design and Build）的营业利润为 250 000 美元，总销售额为 100 000 美元，营业利润率为 25%。这意味着该公司每销售 1 美元，就会产生 0.25 美元的营业利润。而且，如果绿色设计与构造公司的总资产为 3 500 000 美元，那么它的资产回报率为（250 000 / 3 500 000）或者 7.14%。该公司应当采取哪些战略来改善这些数据呢？

如表 9-1 所示，比起销售额增长 10%，销货成本降低 10% 更有利。成本降低使利润增长 18%，而销售额增加，利润只增长了 10%。这个利润杠杆效应的例子表明，为了获得收益，经常会产生抑制营业利润的销售及一般管理费用。

销售经理可能想要回答的另一个问题是："需要增加多少销售额才能像降低10% 的成本那样，增加 18% 的利润？"表 9-1 中的最后一列可以回答这个问题。需要考虑的一个现实是采购材料每省 1 美元，营业利润就会增加 1 美元。因此，绿色设计与构造公司必须创造 18 美元的销售额才能像从销货成本中削减 1 美元那样，获得相同数额的营业利润。利润杠杆效应对于低利润率企业极为重要。除了影响利润，降低材料成本还会减少投入库存的金额，从而产生更高的资产回报率。表 9-2 展示的是营业利润率，而表 9-1 展示的是不同情况下的资产回报率。

表 9-2　　　　　营业利润率和资产回报率

	营业利润率[a]（%）	资产回报率[b]（%）
基本条件	25.0	7.14
降低成本（10%）	29.5	8.43
增加销售额（10%）	25.0	7.86
增加销售额（18%）	25.0	8.43

注：a 营业利润率 = 营业利润 / 总销售额
　　b 资产回报率 = 总销售额 / 3 500 000 美元（假设总资产为 350 万美元）

采购与供应管理对环境的影响

采购活动会影响人们工作与生活的环境。来自利益相关者的压力使高管很难忽视环境问题。企业管理者也越来越关注环境问题。与过去相比，如今采购决策更有可能考虑对环境的影响。关于如何减少温室效应和二氧化碳排放、如何处理危险物品以及如何获得和补充原材料的决策屡见不鲜。

与社会认为的"正确"背道而驰会损害企业的品牌形象，减少未来收益，还会因为诉讼和罚款增加成本。如果企业的行为不恰当，那消费者、环保主义倡导者以及其他利益相关者就会直言不讳。很多企业都已经发现，使用破坏自然资源、浪费原材料或者污染地下水的供应商通常会被媒体通报。

很多企业在执行农业和林业资源保护项目时都会涉及采购部门和供应商，这些项目旨在节约能源、减少温室气体排放以及节约水资源。还有一些人正在用可代替能源（比如生物燃料）来代替油基燃料。虽然环境决策举足轻重，但是企业还是可以从环保项目中获得经济收益。包装材料和运输供应商发现，关注减少环境影响已经减少了所需的包装材料，并找出了减少环境影响和降低运营成本的改良路线。

采购与供应管理对社会的影响

除了财务和环境方面的采购决策外，企业还会对员工的公平待遇产生重大影响。企业会充分发挥低工资的优势，继续使用低成本供应商。然而，低工资会带来与劳动行为、人权、员工的健康和安全相关的问题。一些供应商的员工在恶劣的条件下工作，在不安全的工作环境中长时间工作，没有休息、食物和水，这样的案例不胜枚举。这样的工作条件会造成人身伤害甚至死亡。

利益相关者和消费者会要求企业给予员工公平、合理的待遇，为他们提供能够维持基本生活的工资、安全的工作条件以及没有歧视和干扰的工作环境。就像环境问题一样，不做社会认为的"正确之事"会损害企业的品牌形象，减少未来收益。正如前文所述，一旦消费者、社会倡议者以及利益相关者发现企业的行为不当，他们会直言不讳，因为他们希望企业能遵守道德和行业法规。

采购一些特定材料时，企业必须遵守某些环境与社会规范。如果放任自由，企业往往不会以实现其所在社区或者一起共事的合作方的利益最大化来行事，因此要颁布法律来保护人类和环境。例如，两项欧盟规章就对数据收集、标签和处理程序提出了要求，所以企业在采购某种材料并将其用于生产特定产品时必须满足这些要求。欧盟名为《化学品注册、评估、许可和限制》（Registration, Evaluation, Authorization and Restriction of Chemicals，REACH）的规章旨在提高保护环境的能力，保护人类健康免受化学品侵害。该规章对化学品所做的限定正如《关于限制在电子电器设备中使用某些有害成分的指令》（the Restriction of the Use of Certain Hazardous Substances in Electrical and Electronic Equipment，RoHS）对电子电器产品所做的限定一样。而后者旨在保护环境和社会免受废弃电子设备或者电子垃圾的侵害。

在美国，《多德－弗兰克法案》规定，一些在产品中使用冲突矿产的企业必须公开这些矿产的来源。冲突矿产指的是在武装冲突和侵犯人权的环境中开采的矿产，大多数冲突矿产来自刚果民主共和国的东部省份。这些矿产在被开采以后会转手至各种中间商，然后大部分被跨国电子企业购买。销售这些矿产所获得的利润又会资助冲突与侵犯人权的行径。

采购结构

采购部门支持企业的竞争能力，而且其组织结构也旨在支持这种能力。采购部门的组织结构不仅会影响信息交流的速度和准确性，而且还会影响服务水平、库存的连续性和采购成本。

那些简单且缺乏多业务单元复杂性的企业，最初都倾向于采用集中式的采购结构。随着企业的发展，其组织结构也会随着时间的流逝转换为分散式的采购结构。它们当中的很多企业发现采用混合结构更有利，因此又重新采用了更为集中式的结构，但也适当地保留了一些分散式结构。

每种结构都各有利弊（如表9-3所示）。集中式体系具有使用较少供应商的优点，它可以利用更高的杠杆降低采购价格。但是，集中式结构也对每个业务部门的需求和工作重心缺乏了解。而分散式往往结构速度快，尽管它失去了利用规模效应降低采购价格的能力。

表 9-3	采购结构对比	
	优势	劣势
集中式结构	购买更专业化 购买影响力更大 供应商一致 迎合企业决策者	业务部门不集中 远离使用者 倾向于使需求上的合差异最小化 信息共享局限于一种方式

续前表

	优势	劣势
分散式结构	反应速度 有效使用本地资源 易于业务部门协调 使用合适的政治、文化、社会与 货币环境	不利于部门之间进行沟通 运营与战略重点产生不符 过于集中于本地资源 缺乏购买影响力

　　混合结构可能会集中某些特定功能，比如实现企业战略方向、政策与流程以及招聘与培训，并且审查供应绩效和供货商。混合结构同样能分散执行采购材料和服务。一般情况下，由于每个业务单元都要自负盈亏，所以业务单元都希望能够控制自己的支出。

　　无论采用哪种采购结构，企业都应就以下决策达成一致，比如：

1. 招聘与培训；
2. 供应商关系与合作；
3. 信息共享；
4. 充分利用组织购买力；
5. 审查供应商绩效。

　　类似的商业决策都需要仔细考虑采购的流程、常规程序以及采购体系的设计和实现。

采购与供应管理的目标

　　从财务、环境和社会目标等角度认识供应管理的重要性，会让采购部门明确其核心目标。为了提高企业的竞争力，采购部门在运营过程中应牢记以下目标：

1. 制定支持企业战略和组织目标的采购策略；
2. 保持采购的可持续性；
3. 获得并开发供应商；
4. 有效地管理采购过程。

支撑组织目标的采购策略

采购部门要负责制定支持组织目标和企业战略的策略。在确定合适的策略之前，采购部门应当明确既定的宗旨和目标。这些目标通常包括：

1. 保持现金流的稳定；
2. 降低成本；
3. 提高社会责任感；
4. 提高盈利水平；
5. 把库存投资减至最低限度；
6. 减少环境的影响。

为了实现企业目标，采购部门需要作出诸多决定，比如：

1. 使用哪些供应商，以及它们所在位置；
2. 使用哪些材料；
3. 何时购买库存以及购买数量；
4. 谁来储存库存，以及何时转让所有权。

与全球化采购相比，本地化采购能够降低复杂性，而且能够加快购买者和供应商之间的信息交流、缩短交货时间、减少延迟交货的现象。尽管如此，全球采购也有好处。也许，只有在国外才能找到材料和专业技术；也许，可以通过使用区域贸易协议来降低所有权总成本。无论是使用本地化采购还是全球化采购，库存管理以及运输和材料的选择都将影响财务绩效和环境。

毫无疑问，最终采购部门总是要决定向哪家供应商以及从哪里进行采购。然后，它们要制定采购策略，而这项策略通常会考虑资金何时易手。这种方式考虑了现金流入与流出的时机。典型的采购策略包括：

1. 现货采购；
2. 批量折扣；
3. 及时采购；
4. 预购与套期保值；
5. 产品生命周期。

现货采购是一种满足企业当下需求的采购策略。虽然这种策略通常未经筹划，但是当企业即刻需要材料来完成、计划或者继续运营时，就会使用这种策略。而当企业处于现金流入低谷期而需要保证现金持有时，也会使用现货采购。另外，当材料价格有望下调时，企业也会使用现货采购来满足当下需求，然后等到价格下调时才会购买，以备未来之需。

供应商通常向购买者提供**批量折扣**。这些折扣不仅能够减少购买者的费用，而且也是一种降低供应商成本的方式。供应商的成本降低体现在生产成本降低（生产准备减少和更长的生产运行）以及配送方式上，这样的配送方式使用的是满载货车，而不是多辆未满载货车。当然，购买者应当决定是否需要批量折扣。购买者需要额外单位的产品吗？从长远来看，批量折扣是降低还是提高了成本？以下案例可以回答这个问题。

一家咖啡馆经常从一家南美经销商处采购咖啡豆。今年，该咖啡馆计划购买250 000 磅咖啡豆，每磅咖啡豆每年的储存成本为 5.45 美元，每个订单的订购成本是 150 美元。回顾之前的章节，我们可以使用以下公式决定最优订购量，其中Q 代表最优订购量，D 代表产品的年需求量，S 代表生产准备成本，H 代表每单位每年的储存成本。

$$Q = \sqrt{\frac{2 \times D \times S}{H}}$$

如果咖啡馆想要购买咖啡豆，那么使用以上公式，每次应当订购多少磅呢？

$$Q = \sqrt{\frac{2 \times 250\,000 \times 150}{5.45}} \approx 3710 \text{ 磅}$$

为了把库存成本降至最低，库存管理人员每单应当订购 3710 磅咖啡豆。但是，如果咖啡豆经销商提供了如表 9-4 所示的批量折扣呢？

表 9-4 咖啡豆折扣 / 批量采购价格

咖啡豆磅数	每磅价格（美元）
1~5000	3.25
5001–10 000	3.00
10 001 及更多	2.75

使用以下库存总成本公式，其中 TC 代表总成本，Q 代表单位订购数量，H 代表存储成本，D 代表单位年需求量，S 代表订货成本，P 代表单位成本，咖啡馆就能决定是否需要批量折扣。

库存总成本 = 存储成本 + 订货成本 + 采购成本

$$TC = \frac{Q}{2}H + \frac{D}{Q}S + PD$$

如果咖啡馆以每磅 3.25 美元的价格每次订购 3710 磅咖啡豆，那么这家咖啡馆的全年总费用为 832 717.57 美元。

$$TC_{3710} = \frac{3710}{2} \times 5.45 + \frac{250\,000}{3710} \times 150.00 + 3.25 \times 250\,000$$
$$= 10\,109.75 + 10\,107.82 + 812\,500 = 832\,717.57 \text{美元}$$

如果咖啡馆每次订购 10 001 磅，恰好可以享受批量折扣价，即每磅 2.75 美元，那么这家咖啡馆全年的总库存成本为 718 502.36 美元。

$$TC_{10\,001} = \frac{10\,001}{2} \times 5.45 + \frac{250\,000}{10\,001} \times 150.00 + 2.75 \times 250\,000$$
$$= 27\,252.73 + 3\,749.63 + 687\,500 = 718\,502.36 \text{美元}$$

由此可知，这家咖啡馆应当采用批量折扣，而且每次都应当订购额外数量的咖啡豆，因为当使用批量折扣后，总成本会降低。尽管存储成本上涨，但是订购成本和每单位的价格降低可以抵消这种上涨。

即时（JIT）采购能让企业及时获取所需产品，普遍用于减少库存，以提高库存与资产绩效比率。这种采购方式会事先计划，而且会持续进行，尤其适用于需求稳定的产品。由于即时采购秉承的是精益原则，所以会导致订购次数增加，而每次订购量相对减少，最终结果是减少了缓冲库存。基于上述情况，可靠的交付和高质量的材料必不可少。如果交通运输基础设施和供应商不可靠，就会产生重大问题。

向即时采购转变不只是关注减少订购量从而降低库存水平。订购量的减少意味着需要更多的采购订单来满足需求，而首先需要降低订购成本。例如，如果上述例子中的咖啡馆没有接受批量折扣，而选择了即时采购，那么多次而小批量地采购咖啡豆会对成本造成多大影响呢？

前文已经说明，为了减少年库存成本，咖啡馆应当订购 3710 磅咖啡豆。

$$TC_{3710} = \frac{3710}{2} \times 5.45 + \frac{250\,000}{3710} \times 150.00 = 20\,217.57 \text{美元}$$

如果咖啡馆订购 2000 磅咖啡豆而没有降低订购成本，那么库存成本会产生什么变化呢？总成本不会像期待的那样下降，而是上涨。

$$TC_{2000} = \frac{2000}{2} \times 5.45 + \frac{250\,000}{2000} \times 150.00 = 24\,200.00 \text{美元}$$

根据这种情况，降低订购成本可能会涉及降低与履行采购职能相关的交通运输或者工资的成本。在这些情况下，通过改善流程和自动化操作提高效率或许可行。

预购与套期保值是两种相似的采购策略，但是两者合同的撰写和执行方式却不相同。两种采购方式都着眼于未来，试图确定材料价格是否会上涨。预购就是对未来需求的购买承诺。当员工罢工、旱灾或者材料价格上涨等情况发生而导致物资短缺时，企业通常都会使用这种采购策略。而套期保值则是通过商品交易所，先支付一定费用以抵消或者弥补将来价格变动或者损失的采购策略，类似于一张保单。

预购与套期保值可以用来抵消价格变化和汇率浮动产生的危险，但是两者都无法提供保障。多年以来，一些航空公司使用对冲策略以抵消未来燃料价格的上涨。航空公司认为燃料价格会上涨，于是它们会在期货市场上以低于其预估的价格购买燃料。然而，燃料价格并没有上涨，反而有所下降，所以那些采取燃料价格保值措施的航空公司不得不支付高于现货市场的价格（比如在加油站购买）。套期保值需要一定的技巧和经验，因此这种策略并不适用每个人和每个行业。

产品的生命周期直接影响着该产品及其相关产品的采购方式。在产品的引进期间，采购聚焦于少量但质量可靠的材料。新产品一上市就要投入使用。在产品的成长期，采购聚焦于能够购买更多材料、提高产能的策略。在产品的成熟期，采购则聚焦于效率以及稳定的成本控制。当产品的衰退期到来时，采购则聚焦于减少数量、降低成本，并且要为剩余销售和保修工作保证充足的货源。

支撑运营的连续性供应

为了满足企业的运营要求，保持材料和服务的不断流动必不可少。材料满足必要的规格要求、价格合理、在需要的地点与合适的时间交付非常有必要。这看似简单，实则很难实现。如果无法保证材料和服务正常且持续的流动，生产就会终止，销售收入也会降低。更糟糕的是，现金流入速度会变缓，而现金流出却不变，因为仍然需要支付固定费用。而且，顾客会因拿不到产品而不满意。除此之外，这还会影响企业的投资和股价。

为了成功保证供应的连续性，采购专业人员需要使企业内部职能部门与外部供应商保持顺畅的沟通。沟通能够降低供应链中断的风险。供应链中的很多环节，比如运营、财务、关系维护、信息等都会引起产品流通的中断。例如，关于产品促销不准确和不及时的信息会导致需求增加，而需求增加会影响企业履行订单的能力。相反，导致供应链中断的因素则包括港口封闭、工人罢工、恐怖主义行为、自然灾害、供应商未能履约、质量问题以及政治不确定性等。

加剧供应链中断风险的原因有很多，其中之一就是供应链更全球化，而越来越长、越来越复杂的供应链也增加了问题出现的机会。另一个原因是，企业关注的是精益且高效的供应链，而不是有效的供应链，因此供应商数量减少，更为"集中式"的生产设施被使用，从而导致了集中化。这几乎不允许有出错的空间。

并非所有的风险都是相似的。有些风险的危害要远大于其他风险，而有些风险则取决于具体企业和业务的特点，而且所有风险都会不断变化。供应链管理人员比较理想的做法是在采取具体措施管理风险之前真正地了解供应链。一个简单的风险管理计划首先从以下四个步骤开始：

1. 绘制并了解供应链；
2. 确定关键路线和基础设施；
3. 管理关键路线和基础设施；
4. 提高供应链可见度。

一旦全面了解情况，供应链管理人员就应当将风险按照从具有毁灭性到无关紧要的顺序进行分类，在应对和处理供应链风险时，这将有助于确定将精力投入何处。

供应链风险价值＝事件发生导致的价值损失 × 事件发生的概率

使用以上公式时，完成以下四个步骤十分重要。风险的价值越高，越应当关注风险因素：

1. 确定所有的风险因素；
2. 评估事件发生对金钱造成的影响或者价值损失；
3. 决定事件发生的概率；
4. 优先考虑监控和预防风险。

采购部门需要努力应对的一个常见的供应链风险是供应商无法兑现交付产品和服务的承诺。在全球供应商与国内供应商两者之间进行选择时，这个问题尤为突出。总体而言，全球供应商无法准时交付的风险更高。

在面临风险和不确定因素时，使用决策树可以帮助供应链管理人员选择供应商（如图 9-2 所示）。例如，假设一家飞机布线公司刚刚中了标，为一家飞机制造商提供线束。这家飞机布线公司需要寻找一家可以提供某款线束产品的供应商，目前需要在一家国外供应商与一家当地供应商之间进行选择。国外供应商的产品报价是每单位 50 美元，而当地供应商的报价是每单位 55 美元。该公司预计以 70 美元的价格向飞机制造商销售 100 000 根线束。如果未能在交付日期完成交付，它们预计自己不仅会损失信誉和未来收益，还会面临 225 000 美元的罚款。

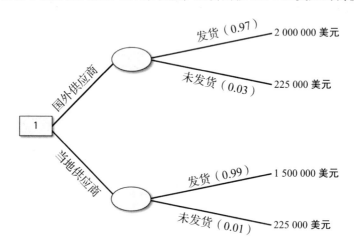

图 9-2　选择供应商的决策树

在考虑了供应商无法按时交付的可能性后，这家飞机布线公司认为国外供应商按时交付的概率为 97%，无法按时交付的概率为 3%；而本地供应商按时交付的概率为 99%，无法按时交付的概率为 1%。根据目前掌握的信息，决策树上每个分支的回报计算如下。

国外供应商发货：　（70 − 50）× 100 000 = 2 000 000 美元

国外供应商未发货：-225 000 美元

当地供应商发货：　（70 − 55）× 100 000 = 1 500 000 美元

当地供应商未能发货：−225 000 美元

下一步是使用回报值和各种概率来计算每种方案的预期值。

方案 1：使用国外供应商

国外供应商交付与未能交付：

$$（2\,000\,000 \times 0.97）= 1\,940\,000$$
$$（-225\,000 \times 0.03）= -6750（美元）$$
$$1\,940\,000 + （-6750）= 1\,933\,250（美元）$$

方案 2：使用当地供应商

本地供应商交付与未能交付：

$$（1\,500\,000 \times 0.99）= 1\,485\,000$$
$$（-225\,000 \times 0.01）= -2250（美元）$$
$$1\,485\,000 + （-2250）= 1\,482\,750（美元）$$

最终就可以计算出两种选择的加权平均数。拥有最高预期值的方案是更好的选择，因此这家飞机布线公司选择了国外供应商。

另外，在相同的市场中选择供应商时，决策树也非常有用。例如，同一座城市有两家汽车零件供应商。两家供应商都值得信赖，它们不仅能够提供高质量的零部件，而且给出的价格也不相上下。然而，市场突变或者各自生意上出现的重大问题会对彼此产生什么影响呢？这会不会让它们变得不堪一击或者破产，而且无法按时交付产品？事先进行全面彻底的审计与核查，并且设置合适的缓解措施不失为明智之举。

获取与开发供应商

供应链不只是管理商品、服务、金钱和信息，它正在形成各种关系链。由于企业与供应链逐步脱离了一体化，外包已经十分普遍。一个薄弱的供应商或者一个薄弱的供应商网络会严重破坏一家企业的品牌形象，影响其财务绩效和运营绩效。没有一个运行良好、相互连接的供应链供应商网络，企业就很难实现质量和成本目标以及持续经营。

与供应商有关的重要决定包括：

1. 挑选和评估供应商；
2. 使用多少家供应商；
3. 供应商参与和发展。

为了有效地管理供应商网络，学习如何挑选与评估供应商、决定与使用适当数量的供应商以及在使用多家供应商时管理各种关系至关重要。

外包的理由

前文已经介绍了与供应商有关的决策。在仔细考虑这个问题之前，了解企业为什么需要供应商很重要。一般情况下，这是因为供应商能够提供某种服务或者企业想要维持某种竞争力。原材料采购、零件生产以及服务都可以外包给供应商。采购决策和外包决定受到资源、技术和专业知识的可得性以及成本的影响。外包原因有以下三种。

1. 财务方面。外包目的在于降低成本。企业想要降低固定成本，并且用可变成本取代降低的固定成本。出售不必要的资产和降低库存水平可以改善资产回报率。

2. 改进方面。外包目的在于提高自身产品和服务的质量。这是通过获得在企业内部无法获得的专业知识、技能和技术来实现的。而且，企业还能够提高生产能力，缩短将新产品引入市场的周期。

3. 组织方面。外包旨在专注于自身特长，提高效率。而且，企业能够通过与客户建立更紧密的联系以及提升反应速度来为产品和服务增值，从而更好地满足消费者需求。产品与服务多样、需求多变的企业可以通过使用外包增加灵活性。

随着时间的流逝，风险逐渐形成并不断变化，外包决策亦是如此。如果企业过去青睐外包，而后来改变决定也并无过错。经济、社会和竞争等因素可能会使企业转向内包。航空公司和计算机公司在将呼叫中心服务外包后发现，这样做会降低顾客的满意度，于是改变了之前的决定。

选择与评估供应商

有一些标准可以用于评估与选择潜在供应商。以前，成本、质量和服务是选择供应商的三个主要标准。如今，企业需要考虑更多的因素，比如：

1. 国际标准化组织（ISO）认证；

2. 环境与社会可持续性；

3. 财务情况；

4. 创新、流程和设计能力；

5. 长期的合作关系；

6. 管理能力；

7. 法规遵从和透明度；

8. 反应能力；

9. 风险预测。

为了缩小选择与评估标准，减少潜在供应商人选，它将帮助我们了解企业需要的协作程度。企业之间的协作程度决定了所需供应商关系的类型。企业在关系连续性中的位置取决于终端客户是谁、自己的期望是什么以及能够提供何种产品和服务。

企业间的协作小到近在咫尺的交易，大到垂直整合，同样包括这两个极端中的几点，比如伙伴关系、战略联盟和合资企业。信息技术整合、开放、沟通、相互信赖等需求变得越重要，关系需求倾向于垂直整合。

航空公司是保持关系连续性的最佳案例，它们彼此既相互独立，又相互依赖。各家公司之间需要"代码共享"，需要协调行李分拣与转运，需要整合信息技术。它们甚至还有可能享有其他航空公司的股权。尽管它们在建立关系方面表现较好，但是在某些方面还是不尽如人意。由于政策存在差异或者缺乏协调，乘客抱怨航空公司之间解决争议的方式以及客户服务并不总是那么周到。

无论关系怎样、选择与评估的标准是什么，评估与选择的首要目标还是帮助企业选择那些有助于自己参与竞争、维持客户和促进销售的供应商和合作伙伴。

供应商数量

采购部门必须认真考虑的一个决策就是供应商的数量。一种观点认为，如果使用的供应商数量越多，那么供应商之间的激烈竞争会压低价格。在某些情况下，这可能并不是一个合适的选择。对于那些技术含量高和特定的物品而言，可能只有一家供应商可用。相反，使用少数供应商或者单源采购策略将会增强供应商与购买者之间的关系。然而，如果有多家供应商可供使用，采用多源采购策略将会降低物资缺乏的风险。

一般情况下，采购诸如文具和信笺等商品时，使用更多的供应商以促进竞争而降低价格是可行的，但是缺陷是不利于长远的关系发展和合作。对于技术成分更高的部件（比如喷气式发动机）而言，使用少量的供应商是最可行的选择。同样，对于那些对企业更有价值的产品而言，人们普遍认为使用少量的供应商最明智。尽管有必要保持合理的成本，但是技术支持、技术专长和服务更重要，因此维持良好关系也成了一个必不可少的因素。

对于多数企业而言，供应商的数量会与日俱增。不久之后，供应商的数量就会难以控制。如果发生这种情况，有必要优化（减少）供应商库。优化供应商库可以让企业有更多时间改善与关键供应商的沟通和关系。帕累托图是可以帮助企业确定为了完成优化需要把精力集中在哪儿的有效工具。图 9-3 从高到低依次展示了每种供应商的数量，因此企业能够发现哪里出现了臃肿。在这个例子中，企业应当首先减少印刷品供应商的数量。

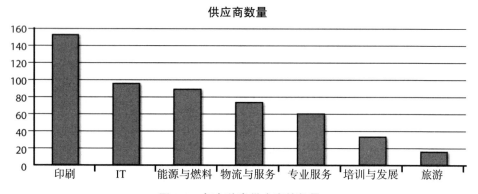

图 9-3　每个种类供应商的数量

供应商数量不是唯一需要考虑的因素，了解用于各类供应商的支出也势在必行。如果想减少支出，哪方面影响最大就减少哪方面的支出。如图 9-4 所示，物流费用降低 10%，要比培训发展费用降低 10% 更有利可图。

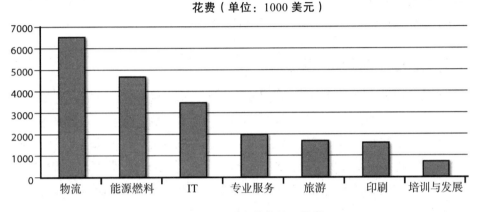

图 9-4　每个种类花费美元数量

供应商参与与开发

企业需要关注的另一个方面是决定供应商的参与度以及供应商的开发程度。供应商应当参与企业的产品开发和重要决策吗？那些对复杂原料和复杂零件有需求的大型企业已经先发制人，它们正在积极地与供应商打交道。它们发现，良好的供需关系能够降低新产品开发的成本和风险。供应商的早期参与会有更好的设计，降低生产成本，加快观念 - 设计 - 生产 - 销售的流程。

而且，供需联合品质项目能够减少次品数量以及不良服务的次数。由于不一致而拒绝材料和货物而产生的费用，会增加运输和检测等环节的成本。与供应商合作能减少次品的数量与不良服务的次数。

企业还有可能试图帮助供应商发展成为高效能组织，其目的在于通过调整新产品开发、材料补给、现金周转期等关键流程来提高供应商以及企业的绩效。通过帮助供货商缩短交付时间、提高研发能力，并且为其提供专业技术和资本，供应商也因此能够成为企业和供应链中有竞争力的资产。

同时，帮助供应商提高生产力，将有助于购买企业增加正向现金流入量。前面章节中介绍过，盈亏平衡分析有助于制定购买决策。如果达到盈亏平衡点的时间缩短了，那么实现正向现金流的运营资本和时间都会减少。很多企业发现，采用精益和优质手段帮助供应商提升将对自己大有裨益。买方发现，供应商既能让买方企业节省成本，又能保持自己的获利空间。

有效且高效的管理采购过程

采购组织重要目标之一就是有效运营，这种运营既要高度有效，又要高度灵活，或者居于两者之间。根据采购的内容和向谁采购，企业可以实施适当的采购策略、流程和政策。采购及其相关流程不协调将会导致采购成本过高、材料供应缺乏连续性以及服务水平低等情况的发生。采购需要一系列的关系结构，了解这种结构才有助于实施合适的采购策略、流程和政策，才能够实现有效且高效的运营。

采购组合矩阵（如图9-5所示）既有助于企业选择最适合的采购策略和流程，还可以帮助企业确定哪里需要建立紧密的联系以及哪里更适合实行自动化。图中的2×2矩阵认为，风险由可用供应商数量和影响企业的成本决定。高供应风险表明可用供应商数量少，而低供应风险则表明可用供应商数量多。高成本影响表明采购成本高，而低成本影响表明采购成本低。例如，飞机喷气式发动机的供应商很少（高风险），采购喷气式发动机的成本很高（高成本影响）。相反，文具和信笺的供应商很多（低风险），而价格却很便宜（低成本影响）。

我们应当如何使用采购组合矩阵呢？首先，将商品和服务划入四个象限中的一个，这样就可以制定合适的采购策略、政策、程序和关系了。

战略和瓶颈项目：独特的产品和服务设计，少量供应商。

战略项目：发展供应商关系和伙伴关系，转换供应商比较困难，强化已选供应商的作用，争取有效、供应连续性和专业技术比价格更重要，准备应急方案，需要大量谈判。

瓶颈项目：保证供应持续性，持续性比价格、设计替代材料或者部件更重要，通过多

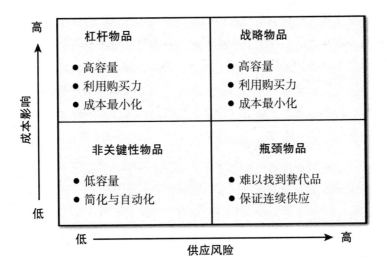

图 9-5 采购组合矩阵 [1]

样化降低组件之间的依赖度，寻找替代组件，力求实现高效并且移向非关键象限或者杠杆象限。

非关键性和杠杆项目：普通产品和服务的设计，多家供应商，高度过剩，自动化操作和简化采购过程，使用电子采购系统，采购过程标准化。

非关键性项目：考虑供应商库的合理性，使用标准化部件，实施竞争性投标，管理费用最小化，使用电子支持系统，争取快速和高效，力图从非关键象限向杠杆象限转移以减少成本。

杠杆项目：大量供应商，购买者消费力强，努力争取更低价和优惠待遇，争取快速和高效。

供应商选址和总拥有成本

如前所述，潜在的供应商分布于世界各地，而供应商的选址不容小觑。工资

① Kraljic P. *Purchasing Must Become Supply Management*. Harvard Business Review, 1983.

较低是选择亚太地区供应商的主要原因之一。然而，这些曾经工资较低的地区的工资水平也在逐年上涨。因此，企业开始选择那些靠近消费者的供应商，因为它们意识到工资不是选择供应商的唯一因素。例如，通过精益生产减少库存，企业的关注点将转向生产准备成本和订购成本。如果最先降低了这些成本，那么精益生产获成功的概率就越高。拉近供应商与组装厂的距离会降低运输成本，而运输成本占订购成本的很大比例。

供应商远离客户与组装厂时，其他成本也随之上涨。由于交货时间增加，安全库存和缓冲库存的水平也随之提高。随着库存需求的增加，现金流量会减少，这就需要额外的营运资本。考虑到除了单价之外还有额外成本，所以在选择供应商和作出采购决策之前，企业需要考虑总拥有成本。

企业在进行全球采购时需要认识到普遍存在着隐藏费用。隐藏费用包括：

1. 额外的缓冲库存和安全库存；

2. 支付给报关行的佣金；

3. 海关文件和翻译费用；

4. 与信用证相关的财务费用；

5. 外汇汇率减少的销售额和成本节约；

6. 国外税款和进口税；

7. 保险、担保和法律问题。

以最低的总拥有成本进行采购

供应管理人员在采购商品和服务时会产生各种费用，因此它们应当抓住各种机会尽可能降低和减免这些费用。过去，采购人员作出采购决策时只对单价感兴趣，而其他费用通常被忽略不计。总拥有成本考虑了这些除了采购商品单价以外的其他费用。这些费用通常都非常重要，如果置之不理将会给企业带来不必要的额外开支。

当决定使用低工资水平国家的供应商时，总拥有成本尤其重要。除了隐藏费用以外，全球采购还会产生其他费用，从而弱化了低工资水平的优势。当企业考虑选择供应商时，可以将以下成本计入总拥有成本。如果忽略了这些因素，费用将会很高：

1. 获取产品（工资、生产力）；
2. 处理（废旧产品）；
3. 安装与维修（技术支持）；
4. 到岸成本（单价、运输、关税）；
5. 可信度（服务）；
6. 返工（质量）；
7. 服务产品（技术支持）；
8. 存储与库存成本；
9. 及时性（服务、生产率）；
10. 培训（服务）。

考虑了所有相关费用后，企业完全有可能发现，自己之前认定的供应商已经不那么好了。由于总拥有成本会随着时间的流逝而发生变化，因此总拥有成本分析应当放眼未来。表9-5是一个分析了采购500部笔记本电脑的总拥有成本的案例。

表 9-5 　　　　　　　　　　　　　　　总拥有成本

单位：美元

成本要素	成本计量	当前	1 年	2 年	3 年
购置价格 / 每台笔记本电脑					
设备	700 / 台	350 000			
软件	200 / 台	100 000			
购置价格					
采购	1 位全职人员 2 个月共 65 000	10 833			
行政	1 个采购订单为 150，12 张发票，每张 25	150	300	300	300
使用成本					
设备维护	每台笔记本每月 60		360 000	360 000	360 000

续前表

单位：美元

成本要素	成本计量	当前	1 年	2 年	3 年
网络维护	每台笔记本每月 70		420 000	420 000	420 000
担保	每台笔记本三年担保 90	45 000			
机会成本－生产力损失	停工期每年每台笔记本 10 小时，共计 55 每小时		275 000	275 000	275 000
报废					
残值	每台笔记本 50				（25 000）
总计		505 983	1 055 300	1 055 300	1 030 300
					3 646 883

　　尽管案例比较简单，但是它的确展示了总拥有成本是如何计算的。它确定并包含了来自目前初始现金流出中的所有相关费用，而且由于信息技术设备通常有大约三年的使用寿命，因此分析应当放眼未来。对每家备选供应商都可以进行这样的成本分析。如果成本是唯一的选择标准，那么拥有最低总拥有成本的供应商是最符合逻辑的选择。当然，决策过程中还包括其他标准，这些标准在本章中都介绍过。

供应管理与财务的关系

杜邦模型

　　正如前文所述，采购部门对提升企业的财务和经营绩效会起到很大的作用。该部门有能力降低销货成本、提高利润率、降低库存量以及提高库存和资产的绩效比率。杜邦模型可以展现这些效应。杜邦模型通过使用损益表和资产负债表来以展现企业当前运营的基本情况（如图 9-6 所示）。

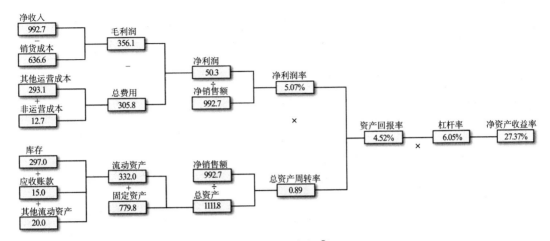

图 9-6 杜邦模型案例 [①]

假设高管层为企业制定了一定的利润目标，因此采购部首先要设法降低销货成本。杜邦模型可以显示出这种改进（如图 9-7 所示）。销货成本降低了 3.14%，从 636 600 000 美元下降至 616 600 000 美元，提升了利润率、资产回报率和净资产收益率。

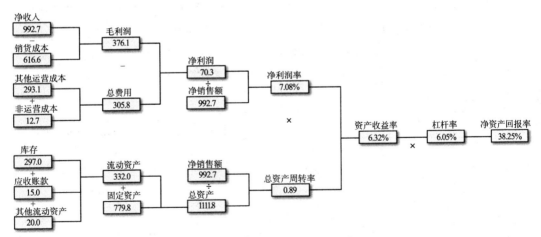

图 9-7 杜邦模型显示出的销货成本变化 [②]

[①] 图中各数据的单位为百万美元，除总资产周转率和特殊标注外。—译者注
[②] 图中各数据的单位为百万美元，除总资产周转率和特殊标注外。—译者注

采购部门的领导相信可以作出更多改进。因此，还要努力降低库存水平。销货成本下降的同时，库存降低了 6.73%，由 297 000 000 美元下降至 277 000 000 美元（如图 9-8 所示）。

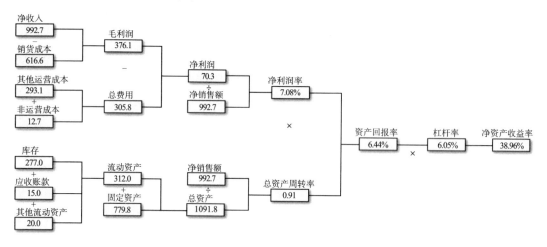

图 9-8　杜邦模型显示出的销货成本和库存变化 [①]

表 9-6 总结了上述三种情况的结果。三个杜邦模型以及表 9-6 形象地展示了特定绩效指标是如何变化的及其相互的影响。降低销货成本可以提高利润率、资产回报率和净资产收益率，但也降低了库存周转率，增加了库存天数。进一步降低库存量提高了资产回报率、净资产收益率和库存周转率，缩短了库存天数。

表 9-6

	杜邦模型对比		
	基础案例	销货成本变化	销货成本及库存变化
毛利润率	35.87%	37.89%	37.89%
资产回报率	4.52%	6.32%	6.44%
净资产收益率	27.37%	38.25%	38.96%
库存周转率	2.14 次	2.08 次	2.23
库存天数	170.29	175.81	163.97

① 图中各数据的单位为百万美元，除总资产周转率和特殊标注外。—译者注

应付账款周转率

企业会为向供应商付款制定相应的谈判政策。传统观点认为，支付供应商的周期越长越好。将现金存入银行账户的时间越长，企业的利息收入就越多，营运资本的额外需求也会减少。然而，这样做会使供应商陷入窘境，因为它们的正常运营也需要得到及时付款。如果它们长时间未收到付款，其服务水平就无法得到保障。我们会使用应付账款流转率测量供应商获得付款的快慢，它是一种会计流动性度量指标。该比率衡量的是企业在一定时期内支付应付账款的次数。企业可以使用应付账款周转率评估自己的现金状况。正如应收账款率是用来评估企业从买方获得的现金情况一样，应付账款周转率是用来评估一家企业如何处理对供应商的付款情况。

计算应付账款周转率时，首先计入总赊账购买量，然后除以同一个时期内平均应付账款数。该比率展示了企业在每个周期内支付平均应付账款的次数。例如，假设某企业一年内在供应商处的赊账购买量为 45 500 美元，同年的平均应付账款为 4575 美元，那么应付账款周转率大约为 9.95 倍（45 500 / 4575）。

$$应付账款周转率 = \frac{总库存购买量}{平均应付账款}$$

$$= \frac{45\ 500}{4575} \approx 9.95\ 倍$$

财务报表中找不到赊账购买量，所以需要使用以下公式来计算：

$$购买量 = 销货成本 + 期末库存 - 期初库存$$

$$= 46\ 172 + 4409 - 5081 = 45\ 500（美元）$$

如果应付账款周转率逐渐下降，那就说明企业支付供应商的速度相对以往变慢了。也可能说明企业的财务状况恶化。如果该比率有上升趋势，则表明企业支付供应商的速度加快了。

与应收账款周转率一样，应付账款周转率也可用天数来表示支付供应商的快慢：

$$平均付款期 = 应付账款天数$$

$$= \frac{365}{应付账款流转率}$$

$$= \frac{365}{9.95}$$

$$=36.68 \text{ 天}$$

较早与较晚支付之间存在着一种平衡。尽管尽可能拖延付款会有好处，但是这会使供应商的财务陷入困境。现金流入不及时会使供应商借更多的钱维持营运资本，而且还会伤害其研发能力。拖延付款甚至会有损企业名誉，那么信誉好、质量高的供应商可能不会再与其合作。即使供应商愿意与这种企业合作，也不会拓展赊账付款条款。

第 10 章　供应与价值链度量

Financial Intelligence for Supply Chain Managers

供应链和运营部门具备一些能够影响企业的财务状况的特殊优势。而且，它们能够执行企业使命和业务战略，使企业在市场上具有一定的竞争力。事实证明，收益流、材料成本、资产使用以及随之而来的现金流都会受到供应链和经营活动的极大影响。本章内容将本书中提到的很多概念联系起来，阐述了供应链和运营管理人员可以帮助企业实现哪些实质性的改进。

市场上存在竞争是必然的，因此以全局观来看待竞争很重要。总体上说，企业会在质量、服务、时间和成本这四个方面参与竞争。同行中的佼佼者或能提升质量和服务，或能节省时间、降低成本，或兼而有之。如果企业在竞争中关注质量，那么质量就是企业上下努力的重心，供应链和运营部门、服务部门、客户呼叫中心、人力资源部门以及企业各层面都会格外关注质量。同样，如果企业想用服务制胜，那么服务就是整个组织的主题。然而，只关注一两个方面是不够的。在四个方面努力实现平衡才会使企业更具竞争力。

一旦企业决定要在哪些方面竞争，就可以运用一些指标来衡量自己在这些领域的表现。当然，指标本身的价值是有限的。解读指标、发现现象产生的原因才是重点。例如，思考一下，怎样测量作为质量指标的发票准确率的比例。首先，要确定了解这项信息是否有用。如果有用，就需要了解进销存系统准确程度的必要性，或者了解了发票准确程度能得到其他什么信息。不准确发票的比例高会影响到其他业务领域。下游会产生的一个问题是顾客因等待准确发票而延迟付款而引起企业应收账款的增加。另一个问题是，更改不规范发票会延长工作时间，额外报酬也相应增加。企业还应当考虑对客户造成的影响，不规范发票会浪费客户的时间，给他们造成诸多困扰。

本章介绍了一些供应链度量指标，需要注意的是，这并不是全部指标，还有很多度量指标适用于不同的运营方式。不论采用何种度量指标，选择时必须谨慎，而且要有明确的目标。度量指标不应只起到度量作用，还应当展现出企业的运营细节。

供应链与竞争

供应链和运营部门如何帮助企业在市场竞争中立足呢？质量是关键。毋庸置疑，高质量的产品和服务会提升客户满意度，从而增加收入。那么，供应链具体如何做才能提升客户满意度呢？有很多方法可以提升质量，并且提高客户满意度，比如减少产品缺陷、按时交付、高质量地执行订单等，这些都是保证客户满意度的方法。其他可进行度量以保证质量的领域包括但不限于：

1. 发票开具准确；
2. 完整的订单；
3. 无损失的交付；
4. 预测准确度；
5. 准时交货。

这些度量指标不仅可以识别出浪费性操作，而且还能确定瑕疵产品及其对企业的影响程度。

服务是企业参与竞争的另一个重要领域。服务的内涵很广，包含了无法纳入其他三个竞争领域的方方面面。有一种误解认为客户服务（行动）和服务体验（互动设计）是一样的。尽管客户服务很重要，但也不能如此目光短浅。客户体验应当是焦点。从与客户进行第一次互动直到互动结束会有一个过程。但是企业目标是要让互动持续下去，毕竟企业是要留住客户的。

能够提供优良服务的企业更易受到客户青睐，尤其是 B2B 客户的赞扬和推荐。然而，听到客户抱怨企业服务不周也是常事。服务具有多种形式，比如：

1. 信息的可得性；
2. 最小订单量；
3. 变更订单时间。

影响服务的因素很多。那些执行有效的沟通程序、及时提供准确信息的企业会关注细节，这也表明企业的运营更高效。这样的企业不推诿责任，不会要求客户重复回应。而且，客户会因为享受到这样的服务而放心，不用担心订单状态和交付时间。客户要求供应商减少之前的最小订单量或者要求变更订单计划，这样的情况也会经常发生，毕竟他们的需求模式并不总会与供应商预设的订单相一致。供应商协调这些要求的能力或者意愿如何呢？能够进行协调就说明企业愿意也有能力服务客户。供应链协调是确保高水平服务的关键要素。

很多运营专业人士都强调"时间就是金钱"的理念，而且他们也能证明这个理念是正确的。在这种情况下，不仅需要准时，而且还要缩短完成任务和流程的时间。供应链中每个层级的客户都很重视时效性。时效性不仅能够提升客户满意度、降低供应链风险，而且还能提高企业的现金头寸，减少营运资本需求，为股东提供更高的回报。衡量时效性的常用度量指标包括：

1. 现金循环周期；
2. 交付周期；
3. 预测 / 计划周期；
4. 订单完成周期；
5. 项目完成时间。

这些度量指标展示了流程和项目完成的速度。速度之所以重要是因为它对现金流有直接影响。正如本书中经常提到的一样，人们以预期的未来现金流来评估一家企业。能够更快地进行设计、生产、销售和收款的企业，其价值就更高。

现金循环周期或者现金转换周期（Cash Conversion Cycle，CCC）很好地诠释了"时间就是金钱"这一理念，所以更值得我们关注。现金循环周期得到供应链管理人员和高管的重视有诸多原因。它体现了企业是如何有效地管理流向供应商的现金以及来自客户的现金的。现金循环周期指的是从企业向供应商支付现金到从客户处获得现金的这段时间。

现金循环周期会直接影响现金流，现金流又会影响营运资本需求和企业价值。该指标用于确定用于持续运营所需的现金量（即营运资本）。库存占用的现金或者客户未付的现金都不能用来进行持续运营。企业如果无法高效运营，营运资本很快就会增加。

计算现金循环周期的公式包含三个独立的指标，其计算方式如下：

现金循环周期 = 库存周转天数 + 应收账款周转天数 − 应付账款周转天数

现金循环周期 = 25 + 45 − 30 = 40 天

库存周转天数反映了企业售完其全部库存所用的时间，这个数值越小越好。

库存周转天数 = 平均库存 / 每日销货成本

应收账款周转天数衡量的是销售完成后，企业从买方获得收入所用的平均天数，这个数值越小越好。

应收账款周转天数 = 平均应收账款 / 每日销售收入

应付账款周转天数衡量的是企业向供应商支付所用的平均天数。一般情况下，这个数值越大越好。要记住的是，采购方与供应商之间的关系对付款时间有重要影响。

应付账款周转天数 = 平均应付账款 / 每日销货成本

上例中的现金循环周期表明，企业必须维持一个 40 天的连续运营周期，也必须有现金来维持运营。现金可以来自企业的现金银行账户，或者如果企业信誉良好，也可以来自债权人。

与其他比率相同，假如现金循环周期不用于衡量多个周期或者不拿来与竞争者比较，它就没有用处。总的来说，天数越短越好。现金循环周期如果缩短或者保持稳定就很好，如果有延长趋势，企业就应当检查公式中的每个组成部分。彻底检查可能会制定出更有效的业务流程和政策，比如对客户紧缩信贷、要求预付或者与供应商协商付款条款等。有趣的是，现金循环周期也会有副作用，这意味着企业在收到销售付款之后才会向供应商支付采购货物的费用。

最后，有些企业还会在成本上竞争，这并不奇怪。这与降低和控制成本不同，后者对所有企业而言都很重要。在成本层面竞争的企业必须是成本最低的，而只有一家企业的成本会最低。正因如此，选择成本竞争的企业会面对众多竞争者，而且竞争会相当持久。很多情况下，企业在强调低成本的同时会忽略质量、服务和时效性。这并不是说企业不能在成本上竞争，而是它们不能因为成本而让业务的其他方面受损。在确保成本符合预期后，企业经常会使用以下一些度量指标：

1. 服务成本；
2. 全流动成本；
    a. 销货成本；
    b. 库存持有成本；
    c. 物料搬运成本；
    d. 运输成本；
3. 超额、缺额生产成本。

本书一直使用杜邦模型来展示例经营绩效的改进是如何改变企业的财务状况的。图 10-1 是杜邦模型的一部分，它展示了如何运用本书介绍的各种运营和供应链流程和政策来帮助企业提升财务绩效。

本书始终强调的一个观点是，管理好现金流入和流出对于运营一项成功且持续的业务是至关重要的。接下来，我们要对杜邦模型中的各个类别进行仔细分析，该模型展示了供应链和运营行为是如何影响现金流的。

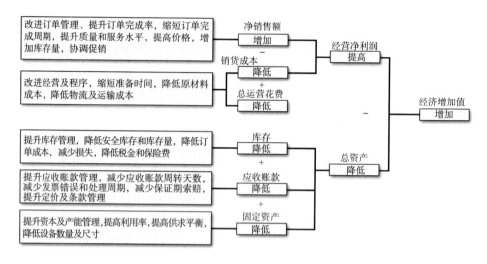

图 10-1　供应链与运营改善

收入。重视供应链的高效率可以提升可靠性和反应能力，而这两者能够提升企业产品的质量和服务水平。只有具备这样特质的企业能够以两种方式提高收入：一是提高销量和销售质量；二是提高每售出单位的收益。两种提高收入的具体方式为：

1. 优化订单速度，提升可靠性；
2. 缩短订单完成周期，提升反应能力。

有增加收入的方法，就有减少收入的方法。认识到收入受影响的原因，就能找到机会避免受影响。以下是三种常见的减少收入的费用。

折扣：付款及时会在开发票时给予 1% ～ 2% 的折扣，或者为了鼓励顾客在当季购买而提供折扣，一般情况下，这些都不是良好的经营方式。购买者不倾向于提前付款，却又期待着得到折扣。而通过折扣来吸引订单会进一步减少收入并提供错误的需求信息，还会导致产品的牛鞭效应（bullwhip effect），即持续的生产过剩 / 生产不足的双重损失效应。

促销补贴：让零售商或者经销商推销产品，在销售期的开始、结尾或者节假日以较低价格打折出售产品。

批量折扣：大客户会要求得到批量折扣。如果生产长期进行或者能够缩短生产准备时间、降低成本，就可以成功地运用批量折扣。

重视供应链效率是降低成本的关键要素之一。

销货成本。毛利率的增长可以通过降低销货成本（比如物料成本）来实现。做到这点可以使用多种方法，包括批量购买、替换供应商和使用不同材料等。当然，这些方法不像听起来那么简单。从长远来看，批量购买实际上会增加成本；企业可能会因十分看重原供应商的专业技术而不愿使用新供应商；使用不同的材料可能会影响产品的性能和功能。

确保物料清单（Bill of Materials，BOM）的准确性可以进一步优化物料成本。生产部负责合并产品，采购部负责合并购买来的材料，这两个部门可以通过协作提升物料清单的准确性。另外，修订外包政策、降低物流和运输成本以及优化生产过程都能降低销货成本。

营业费用。销货成本和销售及一般管理费用构成了营业费用。某些销售及一般管理费用如果不被重视，可能会导致营业利润的意外下降。对供应商的支持、发票准确度以及生产和经营决策所产生的员工工资都会影响销售及一般管理费用，使营业利润受损。

广告支持：广告费用可能包含支付给经销商运输产品的费用。这些费用可能并不会从收入或者销货成本中直接扣除。

坏账费用：该费用产生原因是发票未能收款。提升质量、实施信贷风险和财政审计以及保证沟通的畅通能够减少坏账费用。

员工工资：意外增长有多方面原因。

1. 由于生产计划不周、与市场和销售部缺乏沟通、计划外促销等导致工作时间延长。

2. 质量管理低下、生产准备时间较长导致生产流程不顺畅。

3. 以较低工资标准雇用低素质员工，期望通过培训提升员工素质，却发现收效甚微。雇用低素质员工会降低生产效率，达到收支平衡也需要更长时间。

4. 生产管理人员未能平衡生产线，未能平均分配工作。

资产部署和利用。这对任何组织都很关键。使产能符合需求虽然很困难，但如果做不好的话，现金、库存、应收账款和固定资产就都无法向正确的方向流动，这会给企业造成财务压力。良好的资产管理会解放营运资本，创造适宜的产能，为客户提供高质量服务。要使产能符合未来需求，提高预测准确度是个良好的开端。

库存。库存需要被持续关注。降低缺货率会提升服务水平和客户满意度。没有库存，企业就无法获得收益。库存太多（比如由库存周转率较低造成）又会降低企业的现金头寸，最终减少企业的价值。

过度采购和库存过多的原因有很多，比如：

原材料：采购团队中某人的工作低效，可能需要额外培训；某制成品已从产品结构中被剔除，但其原材料仍被采购回来；库存跟踪较差；生产过程不顺畅、缺乏准确且及时的信息导致安全库存过多。

在制品：生产计划不当导致生产过剩以及下游生产低效。

制成品：错误的需求预测和产品淘汰。

应收账款。应收账款会减少现金流入。为了增加现金流入、减少应收账款，企业应当重视缩短获得待收账款的时间（即应收账款周转天数）。具体方法包括：

1. 减少发票错误和周转时间；

2. 提升产品和服务质量；

3. 减少保修索赔；

4. 改善定价和条款管理；

5. 缩短订货周期（订单到现金）；

6. 提高订单完成率；

7. 提高交付准时性；

8. 改进买方信贷风险分析。

固定资产（不动产、厂房和设备）。固定资产很昂贵且无法流动，如果它与客户的实际需求不一致，就会给企业的现金流带来负担。很多企业都在寻找能够降低固定资产"固定性"的方法，以使其更灵活。需求易变，顾客的喜好也在不断变化，这就需要企业以条款灵活的租借代替固定资产购买。良好的库存管理能够剔除不用的资产，提升资产回报率和利用率，并且减少资金支出。为了提高资产利用率或者衡量当前资产利用得充分与否，企业可从以下几个方面考虑：

1. 运营资本回报率（越高越好）；
2. 供应链固定资产回报率（越高越好）；
3. 现金循环周期（越短越好）。

案例　外包生产

想将本书中提到的概念串联起来并应用有一定的难度。以下是一个实际案例，它对本书中介绍的很多概念进行了总结和运用。

查克·埃金（Chuck Akin）在一家电子公司工作，该公司主要生产视频图形卡。他管理着一个团队，该团队需要给供应链及物流部的副总裁艾丽西娅·特纳（Alicia Turner）提供关于一种新视频图形卡的生产地点的建议。团队成员明白，高管在作出经营决策时喜欢使用财务信息。因此该团队认为，他们的建议中应当包括可对比的财务指标。他们知道，现金流对每家公司都很重要，而且在作资本支出决策时也要用到现金流，所以他们决定计算出净现值，而且他们的主管经常用到"投资回报率"这个财务指标，因此他们也决定要计算出这个值。为了计算净现值，团队首先必须估算出现金流入和流出。在几次头脑风暴之后，团队定下了必要的收入和成本类别。这些类别列在了表 10-1 中，该团队对他们的思考过程给出了具体解释。

表 10-1　　　　　　　　　　净现值和跨国投资回报率比较

	参数	美国	波兰	越南
销售				
年需求量（单位）	500 000	500 000	500 000	500 000
美国市场销售价格（美元）	120.00	120	120	120
美国市场年销售量（单位）		60 000 000	60 000 000	60 000 000

续前表

	参数	美国	波兰	越南
劳动力				
单位产品所需劳动时间（劳动生产率）（小时）		2	3	5
总劳动时间（小时）		1 000 000	1 500 000	2 500 000
每小时劳动成本（美元）		35	15	5
总劳动成本（美元）		35 000 000	22 500 000	12 500 000
单位产品劳动成本（美元）		70	45	25
材料				
单位物料成本（假设在本地采购）（美元）		18	14	8
总材料成本（美元）		9 000 000	7 000 000	4 000 000

销售：准确且及时的需求预测有助于决定未来的产能需求，有助于估算未来的销售收入（现金流）。销售和市场部门能够为定价和促销提供意见。

劳动力：每小时的劳动力成本是衡量外包和生产地的重要标准。了解小时工资是有用的，但将其与生产力结合起来考量会是一个更好的方法。生产速度也是一种重要的考虑因素，因为它决定了达到收支平衡点（现金流入与现金流出相等的点）所需的时间。

物料：物料成本直接影响着销货成本和利润率。正因为如此，需要特别关注物料成本这一重要的成本元素。

不动产、厂房及设备：给出准确的预测之后，就可以更好地制定自制或者外购、外包以及其他产能决策了，而且还能更精确地估算出与固定资产相关的其他成本。计算出一个准确的净现值需要折旧细则，因此还要向会计部门咨询。

关税和运输费：在估量总成本时，总拥有成本这一框架要比只使用单位成本更好，明白了这一点，就要加入关税和运输费用来计算出总采购成本。

库存：库存和安全库存水平，以及由此而产生的库存成本都会受到预期需求和交货时间的可变性以及服务水平的影响。远程及跨国业务会影响库存 – 订货政策，并直接影响库存成本。

销售及推销成本：销售产品的过程中会产生费用。可以借助销售、市场和物流等部门在这方面的专业知识计算出此类成本。

结果：现金流入和流出已经从各个类别中算出，接着就可以确定年净现金流了。然后，把适当的贴现率分配至各个地区。现在就可以计算并分析每个地区的净现值了。计算结果显示，在美国进行生产会有更高的净现值，因此选择美国比较合理。再用期初厂房投资除以净现值计算出投资回报率。美国的投资回报率较高，是更好的财务选择。于是团队建议，视频图形卡的生产地应选在美国。

埃金先生相信他的团队通过全面考虑、收集相关信息，最终提供了适当的财务视角。而这些信息正是特纳女士所需要的，她可以根据这些信息作出明智的决策。

译者后记

供应链管理之于企业经营成败的重要性已为世人所认可，自无需赘言。然而，日常的供应链管理决策与行为是如何影响企业的财务绩效的？如何通过供应链管理决策来改善企业的财务绩效，或者供应链管理决策在企业决策者面前会得到积极还是消极的对待？为什么会得到如此的对待？这背后隐藏的财务管理的逻辑到底是什么？这些问题往往令不少奋战在供应链管理一线的从业者一头雾水。如何从企业财务管理决策者的角度来看待供应链管理的日常运营，使自己的工作得到更多人的理解、支持与配合，如何通过改善供应链运营来精准提升企业的财务绩效，这对每一位企业管理者、每一位供应链从业者而言都是一堂必修课。

史蒂文·利昂的这本《供应链金融运营实战指南》为供应链从业人员提供了充分翔实的财务方面的原理与知识，由浅入深地解释了供应链管理日常运营与财务之间的关系，并提供了大量的实战经验和解决方案，旨在指导供应链从业者掌握专业的语言与逻辑，提高沟通能力，降低沟通成本。这本书涵盖财务管理与供应链管理两大专业领域，作者文笔流畅，那些艰深晦涩的专业术语在他的笔下变得浅显易懂，充分展示出他深厚的专业功底和娴熟的语言驾驭能力。本书是一本十分难得而且实用的好书，值得供应链管理从业者研读，也可供高校供应链管理、物流专业的师生阅读和使用。

就在本书付梓之际，欣闻国务院发布了《关于积极推进供应链创新与应用的指导意见》。该《指导意见》对我国供应链的发展无疑具有里程碑式的重要意义，它不仅明确了供应链创新与应用的指导思想，而且设定了具体的发展目标，即到2020年，要形成一批适合我国国情的供应链发展新技术和新模式，基本形成覆盖我国重点产业的智慧供应链体系，培育100家左右的全球供应链领先企业，而且中国要成为全球供应链创新与应用的重要中心。为了实现发展目标，这份《指导意见》还针对目前我国供应链发展基础相对薄弱、高素质人才匮乏、治理机制不完善等问题提出了改善措施。这对供应链管理与物流从业者来说无疑是充分发挥自身才能的良好契机，也是供应链行业发展的巨大机遇。

创新驱动，人才为先。没有高素质的人才，要实现宏伟的目标自然是不可能的。愿本书的出版能为提高我国供应链管理人才的素质与能力作出贡献，进而为我国供应链的创新发展作出贡献。

在本书的翻译过程中，李雅雯负责第 1 章以及第 5~8 章的翻译，吴亚男负责第 2 章以及第 9~11 章的翻译，李波负责第 3 章与第 4 章的翻译。此外，王天越为本书的翻译提供了大量的帮助，上海对外经贸大学的张国锋副教授负责本项目的整体统合，国内知名供应链专家王天扬先生对整个项目提出了很多建设性意见。正是由于项目组各位成员孜孜不倦的努力，本书才得以在很短的时间之内译为中文，并与读者见面。在此，谨对所有为本书翻译、出版作出贡献的各位致以崇高的敬意并表示深深的感谢！

由于译者能力有限，定有不少的疏漏乃至错误，还望各位读者不吝指正。

北京阅想时代文化发展有限责任公司为中国人民大学出版社有限公司下属的商业新知事业部，致力于经管类优秀出版物（外版书为主）的策划及出版，主要涉及经济管理、金融、投资理财、心理学、成功励志、生活等出版领域，下设"阅想·商业""阅想·财富""阅想·新知""阅想·心理""阅想·生活"以及"阅想·人文"等多条产品线。致力于为国内商业人士提供涵盖先进、前沿的管理理念和思想的专业类图书和趋势类图书，同时也为满足商业人士的内心诉求，打造一系列提倡心理和生活健康的心理学图书和生活管理类图书。

阅想·商业

《一本书读懂 Fintech》

- 金融与科技的不断融合不仅使金融业的结构发生了变化，促使新的金融服务不断涌现，而且还让大众更加受益。只有那些能够提供高品质用户体验的企业才能在金融科技的世界中生存下来。
- 一本全面梳理 FinTech 前沿趋势和相关知识的入门读本，让你清晰了解 Fintech 为大众生活带来的翻天覆地的变化。
- 全球知名管理大师、日本著名管理学家和经济评论家大前研一推荐。

《Fintech：全球金融科技权威指南》

- 汇集全球 86 位金融科技前沿实践者的前沿洞见与实战经验之大成，全面透视金融技术风暴、深刻解析金融科技行业颠覆、创新与机遇的专业权威著作。
- 科技正在颠覆与重塑金融行业，FinTech 无疑将成为互联网商业的下一个风口。

《约翰·博格的投资智慧》

- 一本集共同基金投资大师 60 年职业生涯投资智慧与思想的经典必读书。
- 约翰·博格及其创建并领导的先锋集团和指数基金不仅获得了商业上的成功，而且还在很多方面获得了成功。他一生都在奉行"投资者第一"的理念。这不仅改变了个人的投资方式，而且让成千上万投资者受益。

《世界金融简史：关于金融市场的繁荣、恐慌与进程》

- 读《人类简史》，我们可以重新审视自己；读《未来简史》，我们能够预见人类未来的命运；读《世界金融简史》，可以深刻理解贪婪和恐惧是如何影响金融市场甚至人类进程的。
- 一部深刻剖析500年来金融大事件的史诗巨著：对自1600年以来的金融市场行为以及相关的金融事件做了一次深刻全面的剖析；运用现代图表和技术分析技术阐述了外部股票是如何试图在金融市场制造极大的反应，以及这些预测性的反应又是如何给投资者和交易者提供赢利的机会；验证了每次金融历史事件来临前、进行中以及事后的市场气候。

《巴菲特投资与经营哲学》

- 一本投资者必读的、系统而全面分析巴菲特投资思想、解密"伯克希尔哈撒韦帝国"经营神话的书。
- 本书作者首次揭示了巴菲特60年来能够保持20%回报率的秘密，以及巴菲特的核心财富驱动力其实就是伯克希尔哈撒韦公司的经营哲学，全面解读了这位商界奇才的投资理念和商业思想。

《摩尔神话：硅谷数字革命先驱的传奇人生》

- 他是世界头号CPU生产商英特尔公司的创始人之一和灵魂人物，他是IT行业神话"摩尔定律"的提出者，他是数字时代的巨人，他是硅电子产业最重要的思想家和实干家，他是硅谷顶级科学家与超级富豪，他的思想和言论曾激发个体创新，让创业之火熊熊燃烧，引领我们进入电子时代，让硅谷形成，并永久地改变了我们每个人的生活。
- 硅谷教父戈登·摩尔官方授权唯一传记。

《索罗斯传》(白金珍藏版)

- 他到底是"市场驱动者"，是"金融界的超级明星"，还是"投机客"？他到底是投资界的"魔鬼"，还是悲天悯人的"慈善家"？为什么他又自诩为"金融哲学家"、"无国界的政治家"？
- 罗伯特·斯莱特将引领我们进入这位大师的思想深处，让我们看到一个真实的索罗斯。